AF346660

HISTOIRE

DES

ÉTATS GÉNÉRAUX

VERSAILLES

CERF ET FILS, IMPRIMEURS

59, RUE DUPLESSIS, 59.

Louis XIII est déclaré majeur (2 oct. 1614),
d'après une gravure du temps, collection Hennin.

HISTOIRE

DES

ÉTATS GÉNÉRAUX

(1302-1614)

PAR

R. JALLIFFIER

Professeur d'histoire au lycée Condorcet

PARIS

LIBRAIRIE LÉOPOLD CERF

13, RUE DE MÉDICIS, 13

INTRODUCTION

LES ASSEMBLÉES POLITIQUES
AVANT LE XIV° SIÈCLE

L'histoire de notre pays avant la Révolution française présente le spectacle singulier d'un peuple qui a toujours eu, au plus haut degré, l'instinct et le désir de la liberté, sans en avoir jamais la pratique régulière ni l'entière possession. Une courte revue de nos diverses assemblées politiques mettra en évidence cette contradiction.

Sous tous les régimes, en effet, et sous toutes les dominations, dans l'histoire de la Gaule indépendante, de la Gaule romaine, de la Gaule franque, dans les annales de la monarchie carolingienne et de la monarchie capétienne, nous trouverons, avant la création des Etats généraux, des assemblées politiques : mais nous y chercherons vainement le spectacle d'une nation disposant pleinement d'elle-même, à la façon de quelques cités antiques ou de la plupart des Etats modernes. Les Etats généraux euxmêmes sont, dans l'ancien régime, une des institutions les plus grandes tout ensemble et les plus impuissantes : grande en théorie et par les idées; impuissante en fait, et dans l'action.

I. — Les assemblées dans la Gaule indépendante

« Les Gaulois, dit un vieil historien latin, aiment deux

choses par dessus tout : la guerre et le beau langage ». Sur une telle race, l'action de la parole devait être considérable. César l'atteste, en effet.

Non seulement dans chaque cité gauloise, l'assemblée des riches chefs de famille formaient d'ordinaire une espèce de sénat souverain ; mais la Gaule tout entière eut d'imposantes délibérations au moment de la conquête romaine. Ce fut en présence des députés d'un grand nombre de cités que les Druides, ennemis résolus de la domination étrangère, décidèrent, « sous la voûte des chênes », dans le pays des Carnutes, une prise d'armes générale (53 av. J.-C.).

Un peu plus tard, quand César eut subi un échec dans le pays des Arvernes, sous les remparts de Gergovia, une autre assemblée générale fut tenue à Bibracte (Autun); trois peuples gaulois seulement n'y étaient pas représentés. On y résolut de poursuivre la lutte ; et le défenseur de Gergovia, Vercingétorix, fut investi du commandement suprême.

Vaincus, enfermés dans Alesia, décimés par la famine, les soldats de l'indépendance gauloise, s'encourageaient encore à la résistance dans leurs délibérations. Un Arverne, Critognatus, proposa de nourrir les hommes valides avec la chair de ceux qui ne pouvaient plus combattre, « plutôt que de subir l'éternelle servitude ».

II. — LES ASSEMBLÉES DANS LA GAULE ROMAINE.

On considère trop la domination des Romains en Gaule comme un régime despotique et purement arbitraire. Sans doute cette domination fut très dure au point de vue financier. Le régime fiscal pesa lourdement sur les Gallo-Romains, et Rome ne laissa jamais discuter par les peuples vaincus la nature ou le chiffre des impôts.

Mais pour le reste, l'empire, en organisant la Gaule,

assura à ce pays, qui n'avait guère connu que les abus d'une liberté désordonnée, la pratique d'une liberté bien réglée.

Deux sortes de divisions avaient été maintenues ou créées en Gaule, les *cités* (60 d'abord, puis 120); les *provinces* (4, puis 17). Il y eut des assemblées municipales et des assemblées provinciales.

Chaque cité était gouvernée par une *curie*. La curie était composée des chefs de famille possédant plus de vingt-cinq arpents de terre. C'était, comme on le voit, un régime tout aristocratique, auquel la *plèbe,* les pauvres, n'avaient aucune part. Les membres de la *Curie,* les *curiales,* étaient responsables du payement des impôts, sur leurs biens : c'était une lourde charge ; en retour, les curiales gouvernaient véritablement et souverainement la cité ; ils nommaient les magistrats, ils faisaient des lois. Chaque cité était, a-t-on dit, « une petite république, subordonnée à la monarchie romaine » [1].

Les provinces avaient aussi leurs garanties de liberté. Elles pouvaient faire porter leurs réclamations contre leurs gouverneurs jusqu'à l'empereur, par des délégués. Ces délégués étaient élus dans des assemblées provinciales; ils étaient investis d'un *mandat,* des termes duquel ils ne devaient pas s'écarter. Ils voyageaient aux frais de la province. On verra que plus tard les *États provinciaux et généraux* ont présenté certaines analogies avec ces assemblées des provinces gallo-romaines, dont un édit d'Honorius (418) détermine les attributions.

Une autre institution, qu'on serait tenté de considérer comme la preuve d'une honteuse servitude, était encore en réalité un recours laissé aux vaincus contre l'oppression des vainqueurs. C'était le culte de *Rome et d'Auguste.* Tous les ans, des prêtres, élus par les soixante cités gau-

---

[1] FUSTEL DE COULANGES, *Histoire des institutions de l'ancienne France.*

loises, se réunissaient à Lyon pour rendre les honneurs divins à Rome et à l'empereur : culte tout politique, d'ailleurs, qui était aux yeux des Romains quelque chose comme un serment solennel de fidélité. Or, ces prêtres *élus* pouvaient, au moment d'adresser leurs vœux aux deux divinités, refuser d'y associer les gouverneurs de leur province, s'ils avaient contre eux de graves motifs de mécontentement. Une inscription célèbre, appelée le *marbre de Thorigny,* prouve que ce droit fut exercé ; elle mentionne l'attaque dont le gouverneur est l'objet de la part d'un prêtre, sa défense par un autre prêtre, et le vote final de l'assemblée.

III. — LES ASSEMBLÉES SOUS LES MÉROVINGIENS.

Les Francs apportèrent avec eux en Gaule l'usage des assemblées germaniques, que Tacite décrit ainsi : « Les grands délibèrent sur les affaires de moindre importance ; mais tous les hommes libres prononcent sur les affaires graves, qui sont cependant traitées par les grands avant d'être soumises à la foule. Ils se réunissent à des époques fixes, à moins qu'un intérêt de premier ordre ne rende nécessaire une convocation extraordinaire. Deux ou trois jours se passent avant que l'assemblée soit complète. Quand on est enfin en nombre suffisant, les guerriers entrent en séance, tout armés. Les prêtres ordonnent le silence et peuvent punir le désordre. Le roi ou les chefs des grandes familles prennent la parole ; l'âge, la noblesse, la gloire militaire, l'éloquence sont autant de titres à l'attention des auditeurs. Si l'assemblée désapprouve l'orateur, elle murmure ; l'approbation se manifeste par le fracas des armes que l'on agite... L'assemblée juge les accusations graves et peut prononcer la mort. Elle choisit aussi des chefs qui (pour les affaires de moindre importance) vont rendre la justice dans les bourgs et les cantons. »

Ces assemblées ne tardèrent pas à perdre en Gaule leur régularité et leur caractère souverain. D'une part, les rois francs tendirent de plus en plus à gouverner sans contrôle, comme les empereurs romains ; d'autre part, les chefs des familles franques, dispersées à la suite de la conquête, cessèrent de se rendre aux assemblées, et s'isolèrent de plus en plus dans leurs domaines.

Lorsqu'au viie siècle la pratique des assemblées fut remise en vigueur par la maison de Heristall, elles prirent un caractère essentiellement aristocratique. Les simples hommes libres n'y paraissaient point. Les grands propriétaires et les évêques seuls y figuraient.

IV. — Les assemblées carolingiennes.

On ne peut donc pas dire que Charlemagne ait créé les grandes assemblées, ni même qu'il les ait restaurées : ses prédécesseurs avaient pris ce soin. Son œuvre à lui fut de les régulariser en les transformant.

Nous trouvons sur ces assemblées des renseignements précieux dans une lettre de Hincmar (*de ordine palatii*). En voici les traits essentiels.

Il y avait deux assemblées par an.

La première se tenait à la fin du printemps. C'était le *Champ de mai*. Elle était générale et se subdivisait en deux sections. D'une part, les grands, comtes et évêques, délibéraient soit ensemble, soit séparément, suivant que l'affaire était ecclésiastique, ou laïque, ou mixte. Le roi venait soumettre à leurs lumières les projets de lois (capitulaires) qu'il avait préparés à cet effet. Après les avoir exposés, il se retirait pour laisser la discussion libre. Les grands pouvaient proposer à l'empereur certaines modifications ; l'empereur se réservait la suprême décision. Cette fraction de l'assemblée n'avait donc, pour employer notre style parlementaire, ni l'initiative, ni le vote souverain. Son rôle était essentiellement *consultatif* et se bornait en la présentation de quelques amendements.

Pendant ce temps, les *petites gens (minores)* étaient réunis en plein air, si la saison le permettait, ou dans un lieu couvert. De quels hommes se composait cette seconde section de l'assemblée ? on le devine plutôt qu'on ne le sait. Des officiers et agents royaux d'un ordre inférieur (*centeniers, vicaires, échevins,* etc.), des *bénéficiers* de l'empereur (ceux qui tenaient de lui leur domaine, sous certaines conditions), enfin des hommes libres qui allaient entrer en campagne ; car le champ de mai précédait la revue d'entrée en campagne, et Charlemagne le convoquait toujours non loin de la frontière au delà de laquelle il devait faire une expédition.

Leur rôle était modeste. L'empereur venait au milieu d'eux pendant que les grands délibéraient ; il recevait les présents de ses bénéficiers, écoutait les plaintes, interrogeait sur les besoins ; et quand la loi était définitivement établie par l'accord entre lui et les grands il la faisait lire aux petits, à la foule, pour obtenir de tous « *l'adhésion de leur intelligence* ». Ni discussion, ni vote, une sorte d'acclamation.

Toutefois cette adhésion populaire, ces entretiens familiers du roi avec ses sujets, avaient une grande importance. La loi était ainsi connue : première condition pour qu'elle fut respectée. Puis on avait vu le maître, on avait pu se plaindre à lui, on se sentait protégé par son autorité toute-puissante contre les tyrannies locales, les abus de pouvoir des agents inférieurs. Rien n'a autant contribué que ces assemblées générales à maintenir dans l'Empire une unité qui malheureusement ne devait guère survivre au grand empereur.

Les assemblées d'automne étaient plus restreintes, plus intimes ; Charlemagne réunissait à la fin de chaque campagne, dans la résidence où il devait passer l'hiver, les comtes et les évêques d'une région déterminée. Là on pré-

parait des projets de loi pour le printemps suivant ; on
fixait à l'avance le lieu de l'assemblée de printemps, et le
théâtre de la campagne prochaine. C'était moins une assemblée délibérante qu'une sorte de Conseil d'Etat.

On voit que Charlemagne n'entendait nullement, comme
on l'en a loué à tort, à abdiquer son autorité au profit de ces
assemblées. Loin d'être un moyen de contrôle fourni par le
souverain à ses sujets, elles furent un énergique et efficace
moyen de gouvernement. Sous leur forme germanique, elles
répondaient à une pensée romaine : fortifier le pouvoir
central et faire triompher l'unité.

V. — Assemblées de l'époque féodale.

Peu après la mort de Charlemagne l'unité se brise,
entre les mains de ses faibles successeurs. L'Empire se
divise en royaume, les royaumes en une infinité de petites
souverainetés reliées entre elles par un lien très faible,
celui de la hiérarchie féodale. C'est la féodalité qui suc-
cède à la monarchie carolingienne.

Mais si la *vie nationale* est suspendue, la *vie politique* ne
l'est pas. L'activité tumultueuse qui se manifeste dans
chacun de ces petits Etats a ses règles et ses institutions.
Chaque seigneur dominant a sa *Cour,* c'est-à-dire une
réunion des vassaux nobles, convoqués pour juger les
contestations entres vassaux, et pour prêter au seigneur
l'appui de leurs conseils. C'est assurément l'époque de la
violence, le règne de l'épée, le siècle de fer ; cependant le
droit existe sous le fait qui l'opprime. Les lois sont violées
sans cesse : mais il y a des lois, et des assemblées pour
les exécuter ou les modifier [1].

---

[1] Un ingénieux système historique a même tenté de faire sortir de
la théorie féodale toutes les libertés modernes. L'arbitraire, en effet,
tient moins de place qu'on ne le croit dans les relations entre vassaux

Sans entrer ici dans la discussion, toujours délicate, du problème des origines, nous devons signaler, dans l'histoire des premiers Capétiens, des assemblées auxquelles peuvent se rattacher directement les Etats généraux. Ce sont les *cours générales* ou *plénières,* appelées souvent, à partir de Philippe-Auguste, *parlements.* A ces

---

et suzerains, et même entre sujets et seigneurs. Seul le *serf* est privé de toute garantie contre les exigences de son maître. Mais entre le *tenancier* libre et le seigneur il y a comme un contrat, fixant avec la plus grande précision la nature et le nombre des charges de l'un, des droits de l'autre. A plus forte raison entre le seigneur vassal et le seigneur suzerain, y a-t-il un pacte, dans lequel les obligations réciproques sont rigoureusement déterminées. Si quelque changement, quelque aggravation est apportée au contrat, au pacte, ce ne peut être que du libre consentement des deux parties. C'est un point du droit féodal qu'il ne faut pas méconnaître, si fréquentes que soient d'ailleurs les contradictions entre les principes et l'application dans ce régime.

Par conséquent toutes les fois que les hommes d'un seigneur ont voulu, dans une ville, modifier leur condition, obtenir des garanties, revendiquer des libertés, ils ont dû en délibérer, entre eux d'abord, avec le seigneur ensuite, pour conclure un pacte nouveau : voilà la Commune, la Charte. — Toutes les fois que le roi, pour soutenir un rôle qui s'agrandit sans cesse, demande à ses grands vassaux, au clergé, aux villes nouvellement reconnues par lui, des secours extraordinaires, des *aides,* des impôts enfin, il doit convoquer les grands vassaux, les dignitaires ecclésiastiques, les représentants des villes : voilà les Etats généraux.

Ainsi l'émancipation de la classe inférieure, d'une part, l'impôt librement consenti de l'autre, seraient en parfait accord avec la doctrine féodale.

Avec la lettre soit : avec l'esprit, il est difficile de l'admettre. Il faut bien reconnaître en effet que le progrès de l'autorité royale s'est réalisé par une lente et pénible revanche du souverain dépouillé contre ses usurpateurs; que la liberté urbaine a été le fruit d'une révolte héroïque, d'une insurrection cent fois vaincue, cent fois renaissante; et qu'une lutte enfin remplit quatre siècles de notre histoire, celle du peuple et de la royauté, ordinairement associés, contre la féodalité. Si les libertés modernes sont sorties des institutions du moyen âge, c'est un peu comme un prisonnier sort de son cachot. (Voir CALLERY, *Histoire de l'origine, des pouvoirs et des attributions des Etats généraux et provinciaux, depuis la féodalité, jusqu'aux Etats de 1355.*)

assemblées, que comprennent ses représentants de la haute
féodalité, parfois aussi ceux de la féodalité inférieure, et
même des classes populaires, les rois, soumettent des mesures d'ordre public, des affaires militaires, des questions
de paix ou de guerre. A vrai dire, ces Cours « ne s'as-
semblent pas en vertu d'un droit ; leurs réunions n'of-
frent rien de fixe ni de régulier... elles ne possèdent ni
le droit d'initiative, ni le droit de suffrage régulier... Le
roi consulté, requiert une approbation, mais la résolution
définitive dépend toujours de lui seul... Cependant on ne
peut chercher ailleurs que dans les assemblées solennelles
des trois premiers siècles capétiens l'origine des Etats
généraux de Philippe-le Bel [1]. »

VI. — Résumé.

Nous venons de passer en revue des assemblées fort
diverses : les unes générales, les autres locales ; les unes
souveraines, les autres simplement consultatives ; les unes
régulièrement tenues, les autres convoquées dans des cas
spéciaux. A notre avis, deux choses distinguent nettement
de toutes ces assemblées celles dont nous allons raconter
l'histoire : un principe nouveau et un nouvel élément. Le
principe est celui de l'*élection ;* nulle part, en effet (sauf
peut-être dans les assemblées gallo-romaines), on ne
voit clairement fonctionner l'élection, le choix d'un seul
fait par tous, le mandat confié à un fondé de pouvoirs, la
délégation des intérêts collectifs à un député ; en un mot
le principe *représentatif*. Quant à l'élément nouveau, c'est
la bourgeoisie, la classe inférieure ; elle a pu déjà, en certaines circonstances, *figurer* au conseil des rois ; elle y va
entrer comme un des *ordres* de la nation.

---

[1] Luchaire. *Histoire des institutions monarchiques de la France
sous les premiers Capétiens*, tome I, livre III, chap. v.

CHAPITRE I

LES ÉTATS GÉNÉRAUX DANS LA PREMIÈRE MOITIÉ DU XIVᵉ SIÈCLE

Ce fut, chose curieuse, le roi le plus jaloux de son pouvoir, le fondateur de l'absolutisme royal en France, Philippe IV le Bel, qui créa les Etats généraux et appela pour la première fois la classe inférieure à une sorte de grande consultation nationale. Depuis longtemps la noblesse et le clergé avaient part aux délibérations et aux actes de la royauté. En certains cas déjà des bourgeois avaient été appelés au conseil de la couronne (ordonnance de saint Louis, relative à la monnaie royale). Sous Philippe le Bel, « la nouveauté ne consista pas à consulter les différents ordres, mais à les convoquer simultanément [1] ».

Comme le Parlement, comme la plupart des institutions monarchiques, les Etats généraux ont des origines assez obscures et des débuts peu retentissants. La hardiesse de cette création ne parait pas avoir frappé les contemporains. Sa date même est assez difficile à fixer avec précision. Les chroniqueurs en parlent peu ; aucun n'en a signalé l'importance. C'est par des conjectures qu'on a pu en restituer l'histoire, et par des pièces empruntées au Trésor des Chartes qu'on en a étudié le fonctionnement.

---

[1] Boutaric, *La France sous Philippe le Bel.*

En 1289 ou 1290, le pape Nicolas IV reçut du roi de
France une ambassade composée *de députés de la noblesse
et des communes de France;* elle avait mission de le déci-
der à une réconciliation avec les Aragonais, excommu-
niés depuis les Vêpres Siciliennes. Quelques historiens ont
pensé que cette députation supposait une réunion préalable
des trois ordres du royaume et que c'étaient là les premiers Etats généraux.

Toutefois, si l'on pense qu'une assemblée politique
n'existe vraiment que par la solennité des actes auxquels elle s'associe et l'importance des décisions qu'elle
prend, c'est à l'année 1302 qu'il convient de rapporter le
commencement de nos institutions représentatives.

I. — ETATS DE 1302. — PHILIPPE LE BEL ET BONIFACE VIII.

L'instant était critique pour la royauté : elle se trouvait
alors au plus fort de sa lutte contre la papauté.

Boniface VIII, qui était alors pape, professait, comme
Grégoire VII, et voulait mettre en pratique, comme In-
nocent III, la théorie de l'omnipotence du Saint-Siège. De
son côté, Philippe le Bel travaillait à dégager le pouvoir
royal de toutes ses entraves ; ses légistes ressuscitaient
pour lui le droit romain, et, assimilant son autorité à celle
des empereurs, le proclamaient la « loi vivante ». La lutte
était inévitable entre le vicaire du Christ et ce nouveau
successeur des Césars; le premier y déploya sa logique
rigoureuse, et la hauteur naturelle de son caractère; le
second mit au service de son inflexible volonté toutes les
ressources de sa nature complexe, singulier mélange d'as-
tuce et de violence, d'opiniâtreté et d'audace.

La querelle éclata d'abord au sujet d'un impôt mis par
Philippe sur les revenus des clercs. Le pape défendit le
privilége du clergé par la bulle *Clericis laïcos*, pleine à la

fois de menaces et de caresses. Le roi y répondit par l'interdiction de laisser sortir du royaume l'or et l'argent. C'était priver le pape d'une partie de ses revenus. La lutte cependant n'était encore ni personnelle, ni engagée à fond. Satisfaits ou effrayés d'avoir mesuré leurs forces réciproques, les deux adversaires se réconcilièrent en 1297.

Mais, en 1300, deux circonstances ranimèrent en eux la confiance dans leurs forces et l'humeur agressive. Le roi alla visiter la Flandre qu'il venait de confisquer. La richesse de cette province dépassait ses espérances. Ces villes industrielles, les plus peuplées et les plus actives de l'Europe, ces bourgeois étalant avec orgueil un luxe inconnu ailleurs, ces femmes, excitant par leur parure la jalousie de la reine elle-même, tout cela semblait promettre à Philippe le Bel les ressources dont il avait besoin pour son armée, pour son administration, et par suite la force et la victoire. Or, le pape voyait, à ce même moment, accourir à Rome une foule innombrable de fidèles, à l'occasion du grand jubilé. Boniface dut croire alors à la réalité de son empire universel. Il revêtit les insignes impériaux, il fit porter devant lui l'épée et le sceptre.

Aussi, quand la querelle se ralluma, en 1301, à propos de l'arrestation de Bernard de Saisset, un légat du pape, que Philippe accusait d'avoir conspiré contre lui, les deux souverains y apportèrent une égale ardeur. Cette fois le pape, au lieu de se maintenir, comme auparavant sur le terrain de la défense des droits ecclésiastiques, jeta hardiment le blâme sur tous les actes du roi, sur sa duplicité à l'égard du comte de Flandre, sur sa fiscalité, sur l'altération des monnaies. La bulle *Ausculta, fili,* était comme un dernier avertissement plein de menaces : « Ecoute, mon fils, les conseils d'un père tendre…. » et la théocratie y était ouvertement professée. « Dieu nous a constitué, quoique indigne, au-dessus des rois et des royaumes pour arracher, détruire, disperser, dissiper, et pour édifier et planter sous son nom et par sa doctrine… »

A cette voix du moyen âge, Philippe résolut d'opposer la voix de la nation tout entière. C'était un moyen bien hardi. Le roi transportait résolument la lutte sur le terrain national, et, comprenant la puissance de l'opinion en cette matière, allait essayer d'en faire usage. Mais, en homme habile, il ne négligea pas de la préparer : depuis deux ans déjà il l'agitait par les mémoires de ses légistes et de son chancelier Pierre de Flotte ; il voulut frapper sur elle un grand coup. Au lieu de publier la bulle *Ausculta,* il « tira quelques propositions bien claires et bien choquantes du doucereux bavardage où la cour de Rome aimait à noyer sa pensée [1] » et fit rédiger une fausse bulle qui fut seule répandue dans le peuple.

« Boniface, évêque, serviteur des serviteurs de Dieu, à Philippe, roi des Francs : Crains Dieu et observe ses commandements. Nous voulons que tu saches que tu nous es soumis, au temporel comme au spirituel ; que la collation des bénéfices et des prébendes ne t'appartient point ; que si tu as la garde des bénéfices vacants, c'est pour en réserver les fruits aux successeurs. Que si tu en as conféré quelques-uns, nous déclarons cette collation invalide, et nous la révoquons si elle a été exécutée, déclarant hérétiques tous ceux qui pensent autrement. »

En même temps on faisait circuler la prétendue réponse du roi à cette bulle. Le petit-fils de saint Louis s'attribuait un bien étrange langage à l'égard du pape :

« Philippe, roi des Francs, par la grâce de Dieu, a Boniface, qui se dit pape, peu ou point de salut. Que ta très grande fatuité sache que nous ne sommes soumis à personne pour le temporel ; que la collation des églises et des prébendes vacantes nous appartient par le droit royal ; que les fruits en sont à nous ; que les collations faites et à faire par nous sont valides au passé et à l'avenir ; que nous maintiendrons leurs possesseurs de tout notre pou-

---

[1] MICHELET.

voir, et que nous tenons pour insensés ceux qui pensent
autrement. »

La bulle était une audacieuse falsification, la réponse
une bravade brutale : Philippe, peu scrupuleux sur le
choix des moyens, avait pensé que ces violences agiraient
plus sûrement sur l'esprit de la foule que la phraséologie
officielle, discrète même dans ses audaces.

Il n'était pas inutile de rappeler dans quelles circonstances la nation fut invitée, pour la première fois, à faire
acte politique. Au mois de mars 1302, le roi adressa
des lettres de convocation directement aux nobles, aux
évêques, aux abbés, aux doyens de chapitres, et indirec-
tement, par l'intermédiaire des baillis et sénéchaux, à la
population des villes.

Il les appelait à venir délibérer avec lui. On n'a pas de
détails sur le mode d'élection de ces premiers représentants de la nation. Les élections de 1308 sont mieux connues, et ce que nous en dirons plus loin peut, avec vrai-
semblance, s'appliquer à celles de 1302.

Ce fut le 10 avril 1302, dans l'église Notre-Dame, à
Paris, que commença ce qu'on a appelé « l'ère nationale
de la France ».

Pierre de Flotte, le chancelier, ouvrit les États par une
violente attaque contre la bulle. Le roi demanda alors aux
ecclésiastiques de qui ils tenaient leurs bénéfices, aux
nobles de qui ils avaient reçu leurs fiefs. Ils répondirent,
tout d'une voix qu'ils les tenaient du roi et de ses prédécesseurs. La question dictait la réponse : le roi en tira
aussitôt la conclusion, et exposa en ces mots la théorie du
pouvoir royal tel qu'il entendait l'exercer :

« Ce royaume de France que nos prédécesseurs, avec
la grâce de Dieu, ont conquis sur les Barbares, par leur
propre courage et par la vaillance de leur peuple, qu'ils
ont su gouverner ensuite avec fermeté, qu'ils n'ont jamais
tenu de personne que de Dieu, nous qui l'avons reçu de
leurs mains, par la volonté divine, désirant les imiter

selon notre pouvoir, nous sommes prêts à exposer notre corps, nos biens et tout ce que nous possédons, pour conserver libre de toute atteinte l'indépendance du royaume, et nous réputons ennemis de ce royaume et de notre personne, tous ceux qui enfreindront notre présente ordonnance et adhéreront aux bulles du pape. »

On voit avec quel soin le roi affecte d'invoquer la grâce et la volonté divines. Le ton religieux de ce document ne doit pas nous faire illusion sur son sens et sa portée : c'était une rupture complète avec les principes de la cour de Rome, et le premier acte vraiment laïque de la royauté française.

Les trois ordres se retirèrent pour délibérer, et rentrèrent peu après en séance. Le comte d'Artois porta alors la parole et s'éleva avec violence, au nom de son ordre ou des trois ordres contre les prétentions de Boniface. Ensuite chaque ordre rédigea une lettre dans le sens des vœux du roi, lettre probablement préparée à l'avance par les légistes. Celle du clergé, adressée au pape, était empreinte d'une certaine réserve. Le clergé était loin d'être unanime dans la résistance au pape. En séance, quelques évêques même sollicitèrent un délai et demandèrent l'autorisation de se rendre au concile convoqué par Boniface, pour le 1ᵉʳ novembre 1302. Leur voix fut couverte par les murmures. Aussi l'ordre ecclésiastique, tout en assurant, dans sa lettre, le pape de son dévouement, se retrancha-t-il derrière la volonté du « sire le roi et du commun peuple du royaume ».

La lettre des nobles, signée par le fils aîné du roi de France, le comte d'Artois, et trente et un autres seigneurs, au nom de tous, était d'un ton plus résolu ; adressée aux cardinaux, elle renfermait un véritable réquisitoire contre le pape, surtout contre sa prétention de conférer les bénéfices, ce qui empêchait les prélats de les donner « aux nobles, clercs et autres bien nés et bien lettrés de leurs diocèses ». La noblesse, on le voit, avait un intérêt direct dans la querelle et ne s'en cachait pas.

La lettre du « commun peuple » fut aussi adressée aux cardinaux. On n'en possède pas le texte. On a cru long-temps qu'un député du Tiers-Etat avait présenté au roi une requête dont voici les termes :

« A vous, très noble prince, notre sire, par la grâce de Dieu, roi de France : supplie et requiert le peuple de votre royaume, pour ce qu'il l'y appartient : que ce soit fait que vous gardiez la souveraine franchise de notre royaume, qui est telle, que vous ne recognoissiez de votre temporel souverain en terre, fors que Dieu. »

Il est à peu près prouvé que ces lignes, auxquelles Sa-varon, érudit du XVIIe siècle, et orateur du Tiers-Etat, en 1614, a donné la valeur d'un document officiel, sont sim-plement extraites d'un mémoire de l'avocat Pierre Du-bois, un des légistes qui mettaient leur plume au service de la cause royale. Toutefois, ce fut là certainement l'esprit sinon le texte de la lettre des bourgeois, en par-faite conformité d'ailleurs avec la déclaration royale. Il y a plus, cette doctrine resta celle du Tiers-Etat jusqu'aux Etats de 1614, et nous la trouverons alors formulée avec tout autant de fermeté dans un texte d'une indiscutable authenticité. « Ce vœu d'indépendance pour la couronne et le pays marque noblement, dans notre histoire, la première apparition d'une pensée politique des classes roturières, hors du cercle de leurs intérêts et de leurs droits municipaux ; il fut depuis une des maximes fonda-mentales qui, nées de l'instinct populaire, et transmise de siècle en siècle, formèrent ce qu'on peut nommer la tradi-tion du Tiers-Etat [1]. »

Telle fut la première réunion des Etats généraux. Ils ne tinrent qu'une séance. Ils n'étaient pas venus contrôler, mais appuyer la royauté.

Philippe, qui avait escompté leur adhésion, se sentit,

[1] Aug. Thierry, *Histoire du Tiers-État.*

sans nul doute, après l'avoir obtenue, plus fort contre son
ennemi. Nous n'avons pas à raconter la fin de ce drame :
On sait qu'employant tour à tour, suivant les circonstances, les moyens légaux et les moyens violents, le roi
termina par un coup de force cette lutte engagée sur le
terrain du droit national.

II. — Etats généraux de 1308. — Les Templiers.

La seconde réunion des Etats généraux, sous Philippe
le Bel, eut pour cause le procès des Templiers.

Cet ordre fameux, né de la croisade et de l'esprit de la
croisade, ne s'était pas, comme son rival, l'ordre des
Hospitaliers, voué, après la perte de Jérusalem, à la défense de la chrétienté. Il était revenu s'établir en Europe.
La conduite de ses membres ne tarda pas à donner lieu à
de graves accusations et prétexte à d'étranges rumeurs.
Le mystère dont ils s'entouraient irritait l'opinion qui leur
attribuait des vices infâmes, des doctrines abominables,
des cérémonies sacrilèges. Leur orgueil grossissait le
nombre de leurs ennemis : la *superbe* des Templiers était
proverbiale dès le XIIᵉ siècle.

Mais on a tout lieu de croire qu'ils avaient aux yeux
de Philippe deux autres torts impardonnables. D'abord,
leur puissance, leur vaste affiliation, leur organisation
redoutable dans toutes les provinces de son royaume et
dans toute l'Europe chrétienne ; ensuite et surtout leur
richesse, qui s'accroissait sans cesse parce que l'ordre se
recrutait dans les plus grandes familles féodales.

Depuis le début de son règne, Philippe le Bel se débat-
tait dans d'inextricables embarras financiers. Les ressources presque exclusivement domaniales de la royauté,
étaient insuffisantes pour le gouvernement nouveau, et
pour les organes dont le roi voulait le pourvoir, corps judiciaire, personnel administratif, forces militaires régulières

et soldées. De là les expédients financiers, les créations

Philippe le Bel tenant son lit de justice, d'après une peinture du xive siècle (Al. LENOIR, *Musée des monuments français*, t. VIII, pl. 254).

d'impôts vexatoires (la maltôte), l'altération des monnaies. De là aussi les tentatives plus hardies qui ont fait appeler

ce règne « le règne de la confiscation universelle ». Or,
aucune de ces tentatives ne lui avait pleinement réussi. Il
avait mis la main sur la Guyenne, et il avait dû la restituer
à Edouard Ier par le traité de Montreuil. Il avait confisqué
et occupé la Flandre. Mais la Flandre s'était soulevée ;
vaincu à Courtray, vainqueur à Mons-en-Puelle, le roi dut
se contenter d'une petite partie de cette riche province tant
convoitée. Il avait, comme on l'a vu, porté la main sur
les revenus ecclésiastiques, et s'était heurté ainsi contre
la papauté dont il n'avait triomphé qu'à grand'peine. Les
besoins du fisc cependant étaient chaque jour plus impérieux. Il est facile de comprendre dès lors quel intérêt il
avait à se faire contre les Templiers le défenseur de la foi
et le vengeur de la morale.

On raconte qu'en 1306, le roi, surpris dans Paris par
une émeute que ses exactions avaient provoquée, trouva
dans le Temple un asile sûr. Tandis que la foule grondait
autour des solides murailles de cette forteresse, Philippe
supputait les forces et les richesses de ses sauveurs et dé-
cidait intérieurement leur perte. L'anecdote n'a rien d'invraisemblable en ce qui concerne le caractère de ce roi.
Mais il mûrissait ce projet depuis longtemps sans doute,
certainement depuis l'avènement du pape Clément V, que
sa situation enchaînait à la politique royale. En 1307, il
comble de faveur les Templiers, il invite leur grand-maître,
Jacques de Molay, à être le parrain d'un de ses enfants :
c'est que l'heure de leur ruine est proche.

En effet, le 13 octobre 1307, cent quarante Templiers
sont arrêtés à Paris, soixante à Beaucaire, beaucoup
d'autres par toute la France. Préparé dans le plus grand
secret, le coup avait été porté avec assez de rapidité pour
paralyser les résistances que des arrestations successives
n'auraient pas manqué de provoquer. Aussitôt l'opinion
publique est saisie du débat : le roi ne négligeait jamais de
l'avoir pour lui. Les bourgeois de Paris sont convoqués
par paroisses pour entendre prêcher contre les Templiers.

Une lettre du roi circule par toute la France, véritable acte d'accusation contre l'ordre : « Une chose amère, chose déplorable, horrible à penser, terrible à entendre, chose exécrable de scélératesse, détestable d'infamie !... »

Mais il s'agissait d'obtenir le consentement de la cour pontificale. Quoique Clément V fut engagé dans la dépendance du roi, il se sentait cependant personnellement atteint dans son pouvoir : l'ordre des Templiers relevait directement du Saint-Siège. C'est pour avoir raison de toute résistance que Philippe employa contre le pape le moyen puissant dont il avait déjà usé contre Boniface VIII, la réunion des Etats généraux.

Convoqués au mois de mars 1308, les Etats se réunirent à Tours, au mois de mai. L'intérêt de leur histoire n'est pas, comme pour ceux de 1302, dans le récit de la session, dont on ne connaît que le résultat, mais dans leur composition même et leur régime électoral. On a retrouvé, en effet, il n'y a pas longtemps, plus de cinq cents procurations, qui nous permettent, en quelque sorte, d'assister aux élections de 1308.

Comme en 1302, les lettres de convocation furent adressées directement aux membres des deux ordres privilégiés, et transmises par les baillis et sénéchaux aux maires, consuls, échevins, jurés, etc. Un premier fait très important résulte de l'étude de ces documents : c'est que la présence aux Etats était considérée moins comme un droit que comme un devoir, comme une obligation stricte, assimilée au service de cour. Le noble ou le dignitaire ecclésiastique qui ne comparaissait pas était traité comme un vassal infidèle et ses biens pouvaient être confisqués. Les villes qui n'envoyaient pas de représentants perdaient leurs privilèges et tombaient en la main du roi.

Les nobles, les évêques, les abbés, les doyens de chapitre pouvaient toutefois se faire représenter par des mandataires auxquels ils donnaient procuration. Le grand nombre des procurations ecclésiastiques semble indiquer que les membres du clergé montrèrent quelque hésitation à s'engager personnellement dans l'affaire des Templiers.

Ce qui surprend davantage, c'est de voir sur quelle large base repose la représentation du *commun peuple* : c'est presque le suffrage universel au XIVᵉ siècle [1]. D'abord, la convocation ne s'adresse pas seulement aux villes du domaine, mais à celles de tout le royaume. Les procurations ne laissent pas de doute à cet égard.

En second lieu, le mot ville était interprété dans son sens le plus large : toutes les *communautés insignes* du royaume. Dans plusieurs provinces, ces mots furent appliqués à toutes les localités ayant foires ou marchés. C'est ainsi qu'on voit figurer à côté des noms de Limoges, Nevers, Toulouse, Reims, Sainte-Menehould, Compiègne, Beauvais, Amiens, Saint-Omer, Crépy, Montreuil, Saint-Pol, Bapaume, les noms plus modestes de Saint-Junien, Codes, Villemur, Montcornet, Chaudardes, etc.

Dans les villes déjà pourvues d'une organisation municipale, communes du nord, villes consulaires du midi, villes royales, les élections eurent la même forme que celle des magistrats et furent faites suivant les chartes ou les coutumes locales, par les notables, les *bons hommes*, ou l'ensemble des citoyens. Dans celles qui ne formaient pas un corps politique, les députés furent désignés soit par un accord intervenu entre le seigneur et les habitants, soit par une assemblée de tous les habitants. En plusieurs endroits, les femmes même prirent part au vote.

L'éligibilité n'avait pas plus que le droit électoral de règle fixe. Le député d'un ordre n'appartenait pas nécessairement à cet ordre. Plusieurs nobles donnèrent procuration à des bourgeois ou à des avocats. Beaucoup de villes élurent des curés. Le roi avait demandé qu'on nommât des hommes d'une foi ardente. Le clergé seul, plus jaloux

---

[1] Boutaric, *La France sous Philippe le Bel.*

de son pouvoir, choisit presque sans exception, ses députés dans son sein.

Une indemnité de voyage devait être payée par les villes à leurs représentants.

Les procurations remises aux députés des villes ou aux mandataires des nobles et des ecclésiastiques, étaient rédigées de façon à leur conférer les pouvoirs les plus étendus, afin que le représentant « ne pût exciper du recours à ses commettants », c'est-à-dire ajourner la décision en se déclarant sans pouvoirs. Fait à noter, car plus tard les cahiers constitueront pour les députés une sorte de mandat impératif. Philippe qui voulait un concours actif, immédiat, sans réserves, n'entendait pas qu'on lui envoyât des auxiliaires dont les mains seraient liées.

On peut conclure de ce qui précède que ces premières convocations des Etats généraux eurent « un caractère libéral et populaire qu'elles perdirent plus tard [1] ». Le roi, en effet, demandait au pays une manifestation : il la voulait imposante par le nombre, et par suite inattaquable.

L'adhésion qu'il sollicitait pour la seconde fois, il l'obtint encore pleine et entière. A l'unanimité, les Etats prononcèrent la culpabilité des Templiers. Le roi, désirant se servir aussitôt de l'arme qu'il avait en main, partit pour Poitiers où se trouvait le pape, et emmena avec lui une partie des députés de la noblesse et des communes afin d'exiger la suppression de l'ordre.

Quatre ans plus tard, le procès durait encore. Le Concile, réuni à Vienne par Clément V, se refusait à prononcer la suppression des Templiers, sans entendre les défenseurs de l'ordre. Le roi convoqua les Etats généraux à Lyon, le 10 février 1312, pour peser sur les décisions des pères. On ne sait si la convocation fut suivie de réunion. Peut-être n'était-ce qu'une menace. Le pape supprima l'ordre.

---

[1] BOUTARIC, page 6.

III. — ETATS GÉNÉRAUX DE 1314. — LA GUERRE DE FLANDRE.

Une troisième réunion des Etats généraux eut lieu en 1314. Elle fut provoquée par la guerre de Flandre. Les Flamands venaient de se révolter de nouveau à la suite de la confiscation du comté de Réthel par le roi. Philippe résolut de demander aux Etats généraux non plus seulement un appui moral, mais des secours matériels. C'était chose nouvelle, et le rôle des Etats s'élargissait ainsi. Le roi semble avoir eu conscience du danger qu'il y avait dans cette façon de procéder. Il ne mania qu'avec d'extrêmes précautions cette arme nouvelle : la demande de subsides.

Les Etats se réunirent à Paris le 29 juin 1314. Le surintendant Enguerrand de Marigny, s'adressant aux bourgeois en présence des deux autres ordres, qui jouèrent le rôle de simples spectateurs, demanda lesquels feraient *ayde* au roi, pour aller à l'*ost* contre les Flamands. Etienne Barbette, bourgeois de Paris, répondait au nom de ceux de cette ville « qu'ils étaient tous prêts à lui faire ayde, chacun à son pouvoir ». Les autres bourgeois parlèrent de même et le roi « les en *mercia* ».

Les Etats se séparèrent et le roi qui ne les avait consultés ni sur la nature, ni sur la quotité de l'*ayde,* établit quelque temps après un impôt de six deniers par livre sur les marchandises. Cet impôt provoqua une vive irritation. Des ligues provinciales se formèrent ; des manifestes contre les abus de pouvoirs du roi furent rédigés et répandus. L'opinion publique que Philippe avait prise pour alliée, semblait prête à se retourner contre lui. Il mourut au milieu de ces symptômes d'agitation et de résistance (1314).

IV. — ÉTATS GÉNÉRAUX DE 1317, 1321, 1329, 1338. — LA LOI SALIQUE, LES PRÉTENTIONS D'EDOUARD III, LE VOTE DE L'IMPOT.

L'histoire des Etats généraux convoqués par les successeurs de Philippe le Bel jusqu'au roi Jean est pleine d'obscurité. Les témoignages historiques sur ce sujet sont rares et insuffisants, ou très postérieurs aux événements ; les pièces authentiques manquent absolument.

On sait cependant qu'en 1317 des Etats, tenus à Paris, confirmèrent les droits de Philippe le Long à la couronne, au détriment de la fille de Louis X, et firent ainsi entrer dans notre droit public le principe que les femmes étaient exclues de la couronne de France. Mais on ignore si ce furent de véritables Etats généraux. Le roi se contenta probablement de l'adhésion d'une assemblée où figuraient à côté des barons et des évêques, un certain nombre de bourgeois et peut-être quelques membres de l'Université.

Ce fut sans doute une assemblée de même nature que le même roi convoqua en 1321. Il se proposait « d'aviser au moyen d'établir l'uniformité des monnaies, des poids et des mesures, et de faire rentrer dans son domaine moult choses qui en avaient été aliénées et distraites ».

En 1329, une assemblée du même genre aurait été appelée à se prononcer sur les prétentions d'Edouard III à la couronne de France, et, détail curieux, Philippe VI de Valois se serait abstenu de paraître aux Etats, parce qu'il était à la fois juge et partie. Ce fait est mentionné par le chancelier de l'Hospital, dans son discours d'ouverture aux Etats généraux d'Orléans en 1560. Aucun texte du XIVe siècle ne permet de contrôler son allégation.

Enfin, en 1338, des Etats convoqués par Philippe VI auraient décidé « que l'on ne pourrait imposer ni lever taille en France sur le peuple, si urgente nécessité ne le requerait, et *de l'octroi des gens des Etats* ». Cette décision attestée seulement par un annaliste du XVe siècle, Nicole Gilles, fut revendiquée par les députés du clergé aux Etats de 1576 [1].

[1] Cette dernière session est de beaucoup la plus douteuse. Tout est incertitude d'ailleurs dans l'histoire des Etats de 1314 à 1350. Les historiens les plus autorisés ne sont d'accord ni sur le nombre des sessions, ni sur l'objet des convocations. Savaron compte, de 1300 à 1350. dix sessions, Boulainvilliers neuf, le comte Beugnot trois seulement, les derniers historiens des Etats. MM. Rathery, Boullée, G. Picot en comptent sept, mais ils diffèrent sur les dates et sur les circonstances.

Nous avons adopté la chronologie de M. G. Picot, dont le savant ouvrage peut être considéré comme définitif. Toutefois la question des origines et l'histoire de la période comprise entre 1302 et 1355. occupent peu de place dans son livre, et n'y figurent qu'à titre d'introduction. Aussi croyons-nous devoir citer les conclusions d'un travail récent, plein de recherches curieuses et de vues nouvelles. M. Hervieu, dans ses *Recherches sur les premiers Etats généraux et les assemblées représentatives, pendant la première moitié du* XIVe *siècle*, distingue pour cette époque. jusqu'à sept formes diverses de la représentation nationale : 1° les Etats généraux du royaume ; 2° les Etats généraux fractionnés (c'est-à-dire tenus par fractions dans diverses régions) ; 3° les Etats généraux de la langue d'oïl ; 4° les Etats généraux de la langue d'oc ; 5° les assemblées de deux ordres (ordinairement la noblesse et le clergé) ; 6° les assemblées d'un seul ordre (ordinairement la bourgeoisie) ; 7° les assemblées de la nation consultée dans ses comices.

Les assemblées des quatre premières catégories ont seules droit au nom d'Etats généraux : voici les dates que M. Hervieu leur assigne et ses conclusions particulières sur l'objet de quelques–unes d'entre elles. 1° 1302, 2° 1308, 3° 1313 (monnaie), 4° 1314, 5° 1317 (projet de croisade et demande de subsides), 6° 1318. Etats fractionnés (réformes), 7° 1320, Etats tenus à Pontoise (monnaie), 8° 1321 (poids et mesures), 9° 1329 (monnaie), 10° 1333, Etats tenus à Orléans (monnaie), 11° 1343, 12° 1346, Etats tenus simultanément à Paris et à Toulouse, pour la langue d'oïl et la langue d'oc (guerre contre les Anglais, demande de subsides), 13° 1347 (même objet).

En résumé, M. Hervieu indique six sessions de plus que M. Picot. il ne pense pas que la question de la succession à la Couronne ait été soumise aux Etats généraux, soit en 1317, soit en 1329 ; il refuse le caractère d'Etats généraux à l'assemblée de 1303 (mentionnée par

Telle est l'histoire de la première série des États généraux. Cette institution a, dès le début, sa grandeur et sa faiblesse. La gravité des circonstances dans lesquelles les élus de la nation sont convoqués, l'importānce des questions qui leur sont soumises, donnent une certaine solennité à ces premières sessions. Mais l'autorité manque aux États. Ils sont appelés par la royauté : donc pas d'initiative ; ils acceptent la décision dictée, ou ratifient le fait acquis : donc pas de délibérations proprement dites, ni de libre discussion. Cette sorte d'infirmité originelle persistera à travers toute leur histoire. De là ce mélange de force et d'impuissance qui sera pendant trois siècles leur caractère.

M. Rathery); il rejette absolument la convocation des États en 1338 et le témoignage, d'ailleurs très vague, de Nicole Gilles.

Cette thèse, appuyée sur un grand nombre d'arguments, mais dont nous ne saurions discuter ici les conclusions, quelquefois un peu trop affirmatives, met deux faits en pleine lumière : l'activité politique de la nation à cette époque, et le souci des intérêts économiques. Ainsi comprise, l'histoire des États généraux avant 1350 est une excellente préface à celle du grand mouvement révolutionnaire de 1356-1357.

CHAPITRE II

LES ÉTATS GÉNÉRAUX DU RÈGNE DE JEAN LE BON (PREMIÈRE PARTIE)

1350-1356

Les États généraux sortirent brusquement, pendant ce règne, de l'espèce de dépendance où ils s'étaient trouvés jusque-là. Nous allons les voir porter la main sur les abus, élaborer des réformes, dicter des conditions, bientôt même se saisir du pouvoir, et commencer une révolution, que d'autres continueront sans réussir à la faire triompher.

Cette tentative, si nouvelle en France, ce gouvernement du pays par ses représentants, cette apparition de la nation aux affaires, à côté de la royauté et même contre la royauté, s'expliquent par deux causes. D'abord les nécessités et les désastres de la guerre contre les Anglais rendirent la convocation des États plus fréquente, et leur donnèrent même pendant trois ans une sorte de périodicité. Or, la responsabilité implique le droit ; les députés, appelés à plusieurs reprises à conjurer le péril, s'habituèrent vite à considérer le royaume comme la *chose publique*. En second lieu, la mauvaise administration des deniers publics, le désordre et le gaspillage des finances devaient exciter l'indignation des assemblées sans cesse appelées à combler le gouffre. La royauté, représentée par un souverain prodigue et incapable, puis par un jeune

prince. dont rien ne révélait encore l'habileté et l'énergie,
semblait avoir besoin d'être mise en tutelle.

I. — Etats de 1351.

Un an à peine après l'avènement de Jean le Bon, le
trésor était déjà épuisé par les fêtes et les actes de folle
libéralité du roi. Il fallut demander des subsides aux Etats
pour la guerre contre les Anglais. Ces Etats de février
1351 sont mal connus. On croit qu'ils manifestèrent quelque mécontentement. Refusèrent-ils leur concours, où se
bornèrent-ils, comme ceux de 1314, à promettre *ayde*
d'une façon générale ? On ne sait. Mais il est certain que
le roi s'adressa aux Etats de chaque province pour obtenir
le vote d'un subside.

L'histoire de ces Etats provinciaux est parfois mêlée à
celle des Etats généraux. Les rois avaient volontiers recours à cette forme de la représentation nationale, moins
imposante et moins inquiétante que l'autre.

II. — Etats généraux de novembre 1355, de mars et de mai 1356.

Quatre ans plus tard, la détresse était extrême et le
désordre à son comble. Le prince Noir avait repris l'offensive et venait de piller le Languedoc sans rencontrer de
résistance. Les variations continuelles du taux de la monnaie, seule ressource de la royauté aux abois, ruinaient le
le pays sans enrichir le trésor. En cinq ans, la valeur du
marc d'argent avait varié trente-deux fois, et quatre fois
elle avait été ramenée brusquement de 12, 13, 16 ou 18
livres à 4 ou 5 [1]. Une nouvelle convocation des Etats était

---

[1] V. le Tableau de la variation des monnaies, PICOT. *Histoire des
Etats généraux*, t. I, p. 170.

le seul remède possible à une situation désespérée. Ils se réunirent à Paris le 2 décembre 1355. Les provinces de la langue d'Oïl étaient seules représentées. On appelait ainsi les pays de *droit coutumier,* par opposition aux pays de *droit romain,* ou de Langue d'Oc. La Garonne et la Durance formaient la limite de ces deux parties très distinctes de la nation. C'est par les Etats de la Langue d'Oïl que sera faite la révolution dont nous allons parler.

Le président du clergé était Jean de Craon, archevêque de Reims, celui de la noblesse Gauthier de Brienne, duc d'Athènes, celui du Tiers-Etat, Etienne Marcel, prévôt des marchands de Paris : ce dernier, le futur dictateur de la révolution, n'apparaît encore, en 1355, que comme le chef de la bourgeoisie.

C'est à la bourgeoisie, en effet, à l'ensemble de ses représentants, à leur sagesse, à leur fermeté, à leur union qu'allait appartenir tout l'honneur de cette remarquable tentative. Ce Tiers-Etat, le dernier venu au conseil de la couronne, se place d'emblée au premier rang. Il semble que, devançant de quatre siècles Sieyès et sa formule, il ait dès cette époque, compris qu'*il n'était rien,* pressenti qu'*il devait être tout* et demandé à *être quelque chose.*

Ces bourgeois de 1355, en effet, pour la plupart magistrats ou notables dans leurs villes, avaient pris dans l'administration de leurs petites républiques des habitudes d'économie, d'ordre, de contrôle. L'idée leur vint naturellement d'appliquer au royaume les règles financières de la commune ou du consulat, de substituer aux caprices de la royauté une administration d'une probité bourgeoise et de faire bonne garde autour des deniers publics que la défense du pays réclamait impérieusement. Ils ne songeaient pas encore à mettre en œuvre des théories constitutionnelles, ils ne procédaient pas en vertu d'idées générales, comme les novateurs de la fin du xviiiᵉ siècle ; mais par le seul fait des nécessités du moment, transportant sur un plus vaste théâtre les principes et la pratique de la vie municipale, ils furent révolutionnaires sans le vouloir, presque sans le savoir.

Le chancelier Pierre de Laforest, archevêque de Rouen, ouvrit les Etats, suivant l'usage, en leur demandant « qu'ils eussent avis ensemble quelle ayde ils pourraient faire au roi, qui fût suffisant pour faire les fais de la guerre ». Il ajoutait, allant au devant de la première réclamation des Etats, que « pour ce que les subjets du royaume se tenaient fortement agrevés de la mutation des monnaies... le roi s'offrait à faire forte monnaie et durable ». Les Etats, par l'organe des présidents des trois ordres, déclarèrent « qu'ils étaient prêts de vivre et de mourir avec le roi », mais ils requirent « délibération de parler ensemble, laquelle leur fut accordée ».

Cette délibération se prolongea pendant plusieurs jours. Deux choses en sortirent : une *ayde* pour les besoins du présent, une réforme pour l'avenir. Dans la séance de clôture, les Etats promirent le subside nécessaire pour l'entretien de trente mille hommes d'armes, c'est-à-dire cinq millions de livres parisis (*cinquante cent mille livres*) qui seraient obtenues au moyen de deux impôts : une taxe de huit deniers par livre sur toute denrée, et une gabelle de sel « qui courrait par tout le royaume de France ».

Mais les Etats mettaient à ce secours des conditions d'une haute importance :

1° L'égalité de tous devant l'impôt est établie : « Le payeront toutes manières de gens, clercs, gens d'Eglise, hospitaliers, nobles, non nobles, monnayers et autres, sans que nul s'en puisse dire franc et exempt, de quelque état, dignité ou conditions qu'il soit, ou de quelconque privilège qu'il use. » Le roi même, sa famille et sa maison s'engagèrent à s'y soumettre. « Pour le grand amour et affection que nous avons à nos subjets, et pour donner bon exemple à tous autres, nous avons voulu et voulons que nous mêmes, notre très chère compaigne, la royne, notre très cher fils, le duc de Normandie, et tous nos autres enfants, et tous ceux de notre lignaige, contribueront pareillement auxdites gabelles et impositions. »

2° Les Etats prennent en main tout le maniement des deniers publics. La perception est confiée à des agents nommés par eux, à « certaines personnes honnêtes, sol-vables, sans aucun soupçon, qui, sous le nom de députés, ou *élus* devaient lever l'ayde dans les provinces. » Ils avaient pouvoir « de contraindre par toutes voies et manières que bon leur semblerait ».

Les Etats choisissaient, en outre, dans leur sein *neuf généraux superintendants,* qui étaient placés à la tête de l'administration financière avec les pouvoirs les plus éten-dus. Ils étaient juges sans appel des contestations qui pouvaient s'élever au sujet de la perception de l'impôt. Ils ne dirigeaient pas seulement la perception, ils surveil-laient l'emploi des fonds publics ; ils veillaient à ce qu'ils fussent employés « pour le fait de la guerre ». Ils payaient les capitaines, ils faisaient passer les compagnies en revue. Tous les officiers de finances prêtaient serment entre leurs mains de bien et loyalement remplir leur office.

Mais, pour éviter toute malversation, et prévenir tout soupçon, les superintendants n'avaient pas la garde des deniers publics, qui restaient entre les mains de deux *re-ceveurs généraux.*

3° L'indépendance du Tiers-Etat est garantie, vis-à-vis des deux autres ordres, par la nécessité de l'unanimité des trois ordres dans toutes les délibérations, « sans que deux d'entre eux puissent lier le troisième ». Ainsi se trouvait paralysée toute tentative de coalition des classes privilé-giées contre la bourgeoisie, dans les futures assemblées.

4° Enfin les Etats fixent eux-mêmes la date de leurs futures réunions au mois de mars et à la Saint-André (30 novembre) de l'année suivante. Ils avaient pris soin de ne voter le subside que pour un an. Ils devaient se réunir au mois de mars pour en surveiller la levée et l'em-ploi, au mois de novembre pour le voter de nouveau. Des quatre innovations signalées ci-dessus, celle-ci était la plus hardie. Les Etats ne décrétaient pas leur périodicité, mais ils essayaient de l'établir en fait.

Ainsi, un commencement d'égalité politique par la répartition de l'impôt sur toutes les classes, le contrôle permanent et même la gestion des finances mises aux mains des Etats, le Tiers-Etat, c'est-à-dire le nombre, protégé contre la coalition des privilégiés, enfin l'assemblée s'ajournant à date fixe au lieu d'attendre sa convocation du bon plaisir de la royauté, ce qui était, en réalité, une sorte d'affirmation de la souveraineté nationale; voilà ce qui sortit des délibérations de cette mémorable assemblée. Une ordonnance royale du 28 décembre 1355 sanctionna ces décisions.

Toutefois le choix des deux nouvelles taxes n'avait pas été heureux. La gabelle était impopulaire depuis sa création sous Philippe VI ; la taxe sur les ventes le devint dès son application ; elle rendait les transactions difficiles et ruinait le commerce. Des émeutes éclatèrent en Artois, en Normandie surtout, encouragées par l'intrigant roi de Navarre, Charles le Mauvais. Aussi les Etats durent-ils se réunir deux fois au lieu d'une dans la première moitié de l'année 1356, le 1er mars et le 8 mai ; ils remplacèrent les deux taxes par un impôt proportionnel sur le revenu.

L'ordonnance royale du 26 mai qui sanctionne ces nouvelles mesures, garantit de nouveau les réformes de la session de novembre, en des termes dignes de remarque : « Voulons et avons octroyé auxdites gens qui nous ont *octroyé* lesdits subsides que les chartes, donnés à Saint-André, demeurent en leur force et vertu. » La corrélation des réformes et des impôts, ou, pour employer la langue parlementaire de l'Angleterre, des *griefs* et des *subsides,* est ici nettement indiquée.

III. — Etats généraux de 1356. — La Révolution. — Paris. — Etienne Marcel.

Les Etats de 1355 avaient essayé d'agir sur la royauté : ceux de 1356 et de 1357 vont agir contre elle. Un grave événement explique ce passage de la réforme à la révolution : le désastre de Poitiers.

On sait comment la chevalerie et le roi, rivalisant de bravoure et de folie, se firent battre au pied de la colline de Maupertuis par une armée anglaise quatre ou cinq fois moindre que la nôtre. Le roi, après « maintes apertises », avait rendu son épée au prince Noir. Les plus grands seigneurs étaient morts ou prisonniers avec leur maitre. De la grande cohue féodale il ne restait que quelques centaines de lances à la tête desquelles le dauphin avait quitté précipitamment le champ de bataille (sept. 1356).

Dans cette situation désespérée, Paris donna à la France l'exemple et l'impulsion. Cette grande ville était déjà le principal foyer de l'activité commerciale et industrielle : elle allait montrer que, supérieure au reste du royaume par sa richesse, elle l'était aussi par son patriotisme et par ses instincts de liberté. Pour bien comprendre les événements qui vont suivre, il est nécessaire de faire connaître en quelques mots sa physionomie et son organisation municipale.

Ce fut sous les premiers Capétiens et principalement de Louis VI à Philippe-Auguste que la ville prit toute son importance. Elle a, dès cette époque, la constitution physique qu'elle a conservée jusqu'à nos jours et qui résulte de sa situation même. Au centre dans l'ile de la Cité, berceau de la ville, la cathédrale, le palais, que les rois, à partir de Philippe le Bel, avaient abandonné au Parlement ; tout près de là, sur la rive droite, la citadelle de la monarchie, le Louvre, et le sombre Châtelet, forteresse de la police royale. Sur la rive gauche, escaladant la montagne

Sainte-Geneviève, et venant heurter l'antique abbaye de
Saint-Germain-des-Prés, la ville des clercs, l'Université et
ses quarante-trois collèges où des milliers d'écoliers vieil-
lissaient dans les controverses acharnées de la rue du

« Comment, le roy présent, les gens des trois estats respondirent
par deliberacion que ils feraient continuellement chascun an trente
mile hommes darmes. »

(Miniature du manuscrit des *Grandes chroniques de l'histoire de France*,
exemplaire de Charles V, f° 397.)

Fouarre, de la Sorbonne et du Clos-Bruneau. Sur la rive droite, tout un peuple de marchands et d'artisans, s'accroissant sans cesse, remplissait et franchissait toutes les enceintes, s'emparant peu à peu de la plaine jusqu'au pied des hauteurs de Montmartre. Les divisions de Paris étaient donc déjà celles qui subsistent encore : le pouvoir au centre, la science au sud, les affaires au nord. Le vaisseau qui figure dans les armes de Paris symbolise à la fois les origines politiques et les origines commerciales de la ville. Cette embarcation dont l'équipage a conquis les bords de la Seine à son activité, la France à son pouvoir, le monde à ses idées, ce navire qui « a subi tant de tempêtes, sans éprouver de naufrages », c'est la *Cité*. Mais c'est aussi l'image du plus ancien commerce et de la première richesse de Paris. En effet, une puissante compagnie de marchands par eau, la *hanse parisienne,* se fit concéder de bonne heure le monopole de tous les transports par la Seine. Seuls ses membres ou leurs associés, pouvaient se servir du fleuve comme voie de communication. Bientôt, d'autres corporations industrielles, et au premier rang les drapiers, et les orfèvres s'unirent à la hanse qui prit alors en main l'administration du commerce parisien tout entier, et par suite le gouvernement de la bourgeoisie. Pour juger les procès dont elle avait la haute juridiction, elle possédait au faubourg Saint-Jacques une maison appelée le *Parloir aux bourgeois*. Puis, au milieu de la révolution que nous allons raconter, elle en acquit une autre sur la place de Grève. la *Maison aux piliers,* qui fut le centre de son action administrative et politique. Le premier de ces édifices était comme son *Tribunal de commerce,* le second est devenu son *Hôtel-de-Ville*.

A la tête de la *hanse,* c'est-à-dire de la bourgeoisie parisienne, étaient quatre *échevins* et un *prévôt des marchands,* élus par les corporations, représentants et chefs de la Cité.

On ne sait au juste à quelle date la hanse se transforma ainsi en municipalité parisienne. Cela se fit insensiblement

au xiie et au xiiie siècle, grâce aux privilèges octroyés par
plusieurs rois, notamment par Philippe Auguste, grâce
aussi à la prospérité toujours croissante de la ville. Sans
révolution violente, sans charte communale, Paris était
en fait au xive siècle la plus puissante des communes.

Au moment du désastre de Poitiers, le prévôt des marchands de Paris était Etienne Marcel. On sait peu de
choses de sa famille : il appartenait à la puissante corporation des drapiers. On ignore tout de sa vie jusqu'aux
Etats généraux de 1355, où il fut le chef du Tiers-Etat. Les
événements allaient révéler en lui d'abord un patriote énergique et un administrateur d'une rare activité, puis, le plus
hardi des révolutionnaires de notre histoire avant 1789.

Il fallait d'abord mettre Paris à l'abri d'une surprise de
la part des Anglais. Sur la rive gauche, l'enceinte de
Louis VI protégeait encore la ville. Mais sur la rive droite
la population avait franchi les limites de Philippe-Auguste.
Etienne Marcel fit tracer une enceinte nouvelle beaucoup
plus vaste. Elle partait de la tour de Billy (arsenal) et
aboutissait à la tour du Bois (grille des Tuileries). Son
tracé est marqué aujourd'hui par le boulevard Bourdon,
la place de la Bastille, les boulevards Beaumarchais, des
Filles-du-Calvaire et du Temple, les rues Meslay, Sainte-
Appolline, d'Aboukir, la place des Victoires, la Banque
de France, le jardin du Palais-Royal, et la place du
Théâtre-Français. Elle était percée de six portes, comme
l'enceinte de la rive gauche : les portes Saint-Antoine, du
Temple, Saint-Martin, Saint-Denis, Montmartre et Saint-
Honoré. L'enceinte était défendue par un fossé, les portes
protégées par des bastilles, les murs garnis de tours et de
guérites en bois. Ce grand travail dura quatre années et
fut achevé sous un successeur de Marcel, Hugues Aubryot.
En même temps, Marcel armait les Parisiens et divisait la
ville en quartiers organisés militairement. Des chaînes de
fer étaient préparées pour barrer le cours de la Seine, et
pour protéger les rues pendant la nuit contre une surprise.

Quelque jugement que l'on doive porter sur le rôle que va jouer Marcel, c'est justice de saluer d'abord en lui l'énergique organisateur de la défense.

Mais Marcel ne borna pas son ambition à administrer et à protéger Paris. La France semblait n'avoir plus de gouvernement : le pouvoir était entre des mains qu'on jugeait incapables de l'exercer, celles d'un jeune homme sans autorité et sans prestige, le fuyard de Poitiers, dont personne ne soupçonnait encore la ténacité et la prudence. Qui pouvait deviner le futur Charles le Sage dans le pâle et maladif duc de Normandie, lieutenant-général du royaume ? Le prévôt des marchands conçut le projet de transférer le gouvernement aux Etats généraux, d'assurer dans les Etats généraux la prépondérance au Tiers-Etat, de faire diriger le Tiers-Etat par la bourgeoisie parisienne, enfin d'animer ce gouvernement populaire de sa haute intelligence.

C'est donc en présence d'une révolution démocratique et parisienne que nous nous trouvons. L'histoire des Etats généraux se sépare de celle de la révolution à certains moments. Nous les distinguerons donc, mais il est impossible de les isoler dans le récit.

La révolution de 1356 présente dans sa marche et son développement de singulières analogies avec celles de 1789. Et cela s'explique aisément. Rien n'est logique comme une révolution. Elle se fait au nom des idées, mais au moyen des passions : sous l'empire de ces passions, presque toujours les mêmes, la foule devient une force aveugle, une sorte de corps agissant en vertu de lois qu'on peut formuler. Le récit d'une révolution a son cadre et ses phases comme tracés à l'avance.

Au début, le sentiment du danger, l'indignation contre les abus, anime d'un même esprit tout un peuple sans distinction de classe, sans acception de partis. C'est la période de l'ardeur généreuse et de *l'unanimité dans l'œuvre de réforme*. Mais bientôt les partis se révèlent ou se réveillent;

l'intérêt divise les alliés d'un jour. Ceux que les réformes atteignent commencent à trouver les innovations moins heureuses. Ceux auxquels elles profitent jugent le profit trop lent ou incomplet. Alors les aigres récriminations, la scission entre révolutionnaires et contre-révolutionnaires, les défis, les partis enrégimentés et se mesurant du regard, les déclamations passionnées et les manifestations bruyantes. C'est le moment de l'*agitation révolutionnaire*.

Bientôt le sang coule : la foule s'enivre de sa force ; elle substitue ses caprices aux lois et leur donne pour sanction la violence. Elle gouverne par la *terreur*.

Mais elle est incapable de gouverner longtemps. Sans le vouloir et souvent sans en avoir conscience, elle subit l'ascendant d'un homme doué d'une intelligence plus forte, d'une volonté plus opiniâtre que les autres. C'est l'heure de la *dictature*.

Toutefois, cette dictature s'use vite. Les uns l'abandonnent effrayés par sa hardiesse, les autres irrités par sa domination. L'isolement se produit autour d'elle ; elle ne peut gouverner que par la force, et la force, c'est-à-dire la foule, lui échappe. Elle ne tarde pas à succomber.

Alors une *réaction* violente, une sorte de contre-terreur emporte pêle-mêle, trop souvent le bien et le mal, les réformes et les excès, remettant pour longtemps en question les progrès un instant réalisés. C'est l'histoire des années 1356-58, aussi bien que celle des années mémorables de la Constituante, de la Législative et de la Convention.

Les Etats étaient convoqués pour le 30 novembre. Le dauphin avança la réunion de quelques jours. Le 17 octobre, les députés de la Langue d'Oïl prirent séance. Jamais les députés n'avaient été aussi nombreux : on en comptait plus de huit cents dont quatre cents pour le Tiers-Etat. Celui-ci d'ailleurs n'avait pas seulement pour lui le nombre. Sa situation était d'autant plus forte qu'on l'appelait à réparer des fautes auxquelles il n'avait pris aucune part. Les députés de la noblesse étaient peu nombreux : tant de seigneurs avaient succombé à Poitiers, tant d'autres étaient captifs avec le roi Jean! Ceux qui se trouvaient aux États étaient des jeunes gens ou des fuyards, les uns et les autres sans autorité, tous écrasés sous le poids de la réprobation publique. Leur chef nominal aux États était le frère du roi, duc d'Orléans; le personnage le plus écouté de la noblesse était le duc de Bretagne. Le clergé, plus nombreux, plus influent, moins impopulaire, avait à sa tête Jean de Craon, comme en 1355; dans ses rangs se trouvait l'un des novateurs les plus hardis de cette époque, Robert Lecoq, évêque de Laon, conseiller clerc au Parlement, ayant tout ce qu'il fallait pour agir sur une assemblée, l'expérience des affaires, l'ambition et une éloquence passionnée.

Le chef de la bourgeoisie était Etienne Marcel; il ne parait pas qu'il joignait à ses autres supériorités le don de l'éloquence: son porte-parole ordinaire était son échevin Charles Toussac.

Quand le chancelier Pierre de Laforest eut exposé la situation, les chefs des trois ordres requirent un délai « pour parler ensemble sur ces choses », et les trois États se réunirent aux Cordeliers dans des salles séparées. Mais ils comprirent bien vite qu'on ne pourrait délibérer en si grand nombre avec activité et discrétion, et ils formèrent un comité de 80 membres des trois ordres, pour préparer et formuler les requêtes des États. C'était, pour employer la langue des assemblées modernes, la Commission des réformes.

L'attitude des 80 commissaires se dessina nettement dès le début. Quelques conseillers du Dauphin s'étant présentés le second jour pour assister aux délibérations, on leur fit entendre « que les députés ne besogneraient point, tant que les gens du Conseil du roi fussent avec eux ». Ils durent se retirer. Le Dauphin pouvait donc s'attendre, quel que fût le secret rigoureux des délibérations, à de graves et hardies décisions de la part de la Commission.

Vers la fin du mois d'octobre, le travail des commissaires étant près, et approuvé par les trois ordres, la Commission fit savoir au Dauphin qu'elle voulait lui parler secrètement. Le Dauphin vint aux Cordeliers, et les commissaires lui exposèrent une partie de leurs résolutions.

Ils demandaient en premier lieu la mise en accusation de 8 grands officiers de la couronne qu'ils accusaient « d'avoir flatté le roi, de n'avoir eu égard, dans les conseils qu'ils avaient donnés, ni à la crainte de Dieu, ni à l'honneur du souverain, ni à la misère des peuples, de n'avoir eu en vue que leur intérêt particulier ». Parmi ces accusés se trouvaient le chancelier Pierre de Laforest, le premier président du Parlement, Simon de Bucy, le maître des monnaies. Les États de 1355 s'étaient attaqués aux abus ; ceux de 1356 s'en prenaient aux personnes que l'opinion accusait de les perpétuer.

En second lieu les commissaires demandaient que le Dauphin fût assisté d'un conseil de 28 membres élus par les États, 4 par le clergé, 12 par les nobles et 12 par les bourgeois. C'était presque un ministère responsable, c'est-à-dire un des rouages essentiels du régime constitutionnel.

La commission proposait en outre la mise en liberté du roi de Navarre, emprisonné depuis plusieurs mois par Jean le Bon — point important sur lequel nous aurons à revenir. Pour le reste des réformes, on se réservait de les faire connaître dans la séance publique.

A ces conditions les États promettaient une aide « merveilleusement grande » pour l'entretien de 30,000 hommes d'armes. Ils se réservaient toutefois de se réunir de nouveau à la quinzaine de Pâques pour vérifier si elle était suffisante et affectée à l'emploi qu'ils lui assignaient.

Le Dauphin déclara qu'il en référerait à son conseil, et sortit de cette réunion à la fois alarmé et irrité. Dès le lendemain il députa aux commissaires plusieurs princes afin d'obtenir quelque adoucissement aux rigoureuses conditions qui lui avaient été posées. Les quatre-vingts demeurèrent inébranlables.

Qu'allait faire le jeune prince ? Souscrire aux volontés des Etats, c'était sacrifier l'autorité royale et la mettre en tutelle ; résister, c'était rester sans ressources, et engager la lutte contre une assemblée évidemment soutenue par l'opinion. Le Dauphin flotta quelques jours entre ces deux résolutions opposées. Le 30 octobre, après en avoir délibéré avec une partie des membres de son conseil, il parut céder, et fit savoir qu'il se rendrait le lendemain à la séance générale des trois ordres. Mais il avait à peine fait parvenir cette résolution aux Cordeliers, qu'il la regretta, et se souvint fort à propos qu'une partie des membres de son conseil n'avaient pas été consultés. Or ces membres étaient justement ceux dont on demandait la mise en accusation. Leur avis n'était pas douteux : ils opinèrent pour la résistance, et firent partager leur opinion au jeune prince.

Le lendemain, lundi 31 octobre, les députés des trois ordres étaient réunis dans la grand'chambre du Parlement, au milieu d'une foule immense, impatiente d'entendre les remontrances. On attendait le Dauphin. La porte s'ouvre, et l'on voit paraître au lieu de Charles le porteur d'un message par lequel il demande à conférer sans délai avec trois membres de chaque ordre. Les délégués aussitôt désignés se rendent en toute hâte au Palais. Là le Dauphin les informe qu'il est obligé de différer la séance de clôture en raison des graves nouvelles qu'il avait reçues de son père, et de l'entrevue qu'il devait avoir avec son oncle l'empereur Charles IV, alors à Metz. Il les prie donc d'ajourner au 3 novembre la réunion des Etats, de calmer l'irritation des députés et l'agitation de la foule. Les neuf délégués reviennent aussitôt au Parlement, et obtiennent, non sans peine probablement, que l'on se sépare jusqu'au 3 novembre.

Ce coup de théâtre cachait une sorte de coup d'Etat. Le Dauphin venait d'imaginer un plan pour l'exécution duquel un délai, si court qu'il fût, lui était nécessaire. Le 2 novembre en effet il réunit une assemblée composite où figuraient un certain nombre de députés des Etats, Marcel lui-même, mais perdu au milieu de la foule des conseillers, des officiers et des partisans du Dauphin. Devant cet auditoire dont l'adhésion lui était assurée d'avance, Charles explique avec beaucoup d'habileté que le pape et l'empereur ont engagé d'importantes négociations entre la France et l'Angleterre, qu'il est nécessaire d'en attendre le résultat, que les députés, d'ailleurs las d'une longue et laborieuse session, peuvent retourner chez eux, et qu'ils seront rappelés dès que leur présence sera nécessaire. Ainsi, par un coup fort habile, il évitait de donner son consentement aux remontrances, et il ajournait indéfiniment les Etats.

Marcel et les autres députés qui assistaient à ce conseil extraordinaire, ne protestèrent pas, soit que la protestation leur parût stérile, soit qu'ils fussent étourdis par l'imprévu de ce dénouement.

Mais le lendemain, 3 novembre, se réunirent aux Cordeliers les quatre-vingts, et une partie des députés des trois ordres; une partie seulement, car déjà beaucoup d'entre eux, obéissant au Dauphin, avaient quitté Paris. On peut contester la légalité de cette réunion, puisque le Dauphin avait prononcé l'ajournement, mais on sait qu'en ces temps de révolution rien n'est aussi difficile à fixer que les limites de la légalité.

L'assemblée des Cordeliers était très irritée. Robert Lecocq traduisit cette irritation dans un discours véhément et dans une résolution des plus hardie. Il décida les députés à entendre la lecture des remontrances auxquelles le Dauphin s'était dérobé, et à en prendre copie. Ils pourraient répondre ainsi aux calomnies de leurs adversaires qui déjà les accusaient de n'avoir « rien conclu, ni parfait ». Ils pourraient aussi associer leurs électeurs à leurs décisions, et provoquer un grand mouvement des esprits en leur faveur. On demeure surpris de trouver chez des hommes si neufs à la vie publique tant de fermeté et tant de sens politique.

CHAPITRE III

LES ÉTATS GÉNÉRAUX DU RÈGNE DE JEAN LE BON (DEUXIÈME PARTIE)

1357-1359

Le dauphin, qui avait joué cette première partie avec plus de finesse que de droiture, ne s'en trouva pas moins fort embarrassé après la retraite des députés. Les besoins du trésor étaient aussi pressants le lendemain que la veille. Les conseillers du jeune prince lui avaient fait entendre qu'il obtiendrait plus facilement des subsides des Etats provinciaux que des Etats généraux. Cette espérance fut déçue. A vrai dire, les Etats de Languedoc, convoqués à Toulouse en même temps que ceux de la Langue d'Oïl, à Paris, avaient protesté de leur dévouement à la royauté avec un luxe de démonstrations vraiment méridionale : ils avaient même ordonné une sorte de deuil public, tant que durerait la captivité de Jean. Mais sur la question des subsides ils s'étaient montrés réservés et même soupçonneux. Ils demandaient que l'argent levé dans la province fût employé dans la province, sous le contrôle des Etats provinciaux, que le taux de la monnaie fût invariable, que toutes les autres levées d'impôts fussent suspendues. Les Etats d'Auvergne posèrent les mêmes conditions, et ils y joignirent des représentations analogues à celles dont les députés avaient entendu la lecture aux Cordeliers. La résistance se propageait, on le voit, du centre aux extrémités.

Une démarche auprès des pouvoirs municipaux de Paris avait moins de chance encore de réussir. Le dauphin la tenta cependant, sans grand espoir. Marcel et les échevins se retranchèrent derrière l'autorité des Etats généraux, et conseillèrent de les rappeler.

Alors comme l'argent manquait absolument, même pour le voyage à Metz, Charles eut recours au suprême et odieux moyen de l'altération des monnaies. Mais il n'osa pas affronter la colère des Parisiens, et, après avoir fait frapper une monnaie plus faible que la précédente, il partit à la fin de novembre en ordonnant qu'elle fût mise en circulation cinq jours après son départ, et en laissant tout l'embarras de la situation à son jeune frère, le duc d'Anjou. Dès que la monnaie fût émise, Marcel défendit aux Parisiens de l'accepter ; puis il se rendit trois jours de suite au palais suivi d'une foule menaçante pour exiger le retrait des nouvelles pièces. Le duc d'Anjou céda le troisième jour ; l'exécution de l'ordonnance fut suspendue et, lorsque le dauphin revint de Metz, le 14 janvier 1357, il dut la retirer. Dès lors, il ne restait plus à la situation qu'une issue, la convocation des Etats généraux. Il s'y résigna et en fixa la date au 5 février. En somme, il avait gagné du temps, ce qui est quelque chose en révolution, mais il avait accru l'irritation, compromis son autorité morale, et pris, en jouant ce jeu dangereux, une lourde part de responsabilité dans les violences de la période suivante.

I. — Etats généraux de 1357. — La grande
ordonnance.

Les députés qui se réunirent au mois de février 1357 étaient moins nombreux qu'en octobre 1356. Beaucoup étaient las ou inquiets, plusieurs avaient été considérés comme des factieux dans leurs villes et même maltraités.

Mais ceux qui revenaient étaient plus résolus, plus pressants. Leur convocation même était de la part du pouvoir l'aveu d'une défaite, dont ils entendaient tirer avantage. Ils arrivaient profondément irrités par les exactions des officiers royaux, les exigences inhumaines des seigneurs mis à rançon, et la misère navrante des pauvres gens.

Leur premier acte fut un coup de maître. Reprenant l'œuvre de 1356 au point où ils avaient été forcés de l'interrompre, ils firent copier les remontrances des quatre-vingts et envoyèrent ces « rolles et escriptures » dans toutes les provinces de la Langue d'Oïl « pour les faire approuver par les gens d'Eglise et les bourgeois des bonnes villes ». Il n'était pas question de la noblesse. En moins d'un mois, avec une diligence extraordinaire, les Etats provinciaux examinèrent ces *cahiers* et les renvoyèrent à Paris avec leur pleine et entière adhésion. Les affaires allaient marcher vite, car la nation était unanime et le pouvoir semblait résigné.

Le 3 mars eut lieu la séance générale. Plus de séance secrète, plus de ménagements : on savait ce qu'ils avaient produit. Le dauphin vint entendre les sévères paroles de Robert Lecoq et souscrire à ses conclusions. C'étaient celles d'octobre 1356, avec quelques exigences nouvelles. Le nombre des officiers royaux mis en accusation était porté de sept à vingt-deux et, de plus, tous les officiers du royaume étaient provisoirement suspendus, jusqu'à ce que des réformateurs choisis par des Etats eussent parcouru le royaume et prononcé sur le maintien ou la destitution de chaque fonctionnaire ; le conseil des vingt-huit était porté au chiffre de trente-quatre, savoir : dix-sept bourgeois, onze prélats et six nobles. Enfin, les Etats demandaient au dauphin de consentir à ce qu'ils se réunissent trois fois encore dans le courant de l'année. Le dauphin souscrivit à tout sans réserves, sinon sans restrictions mentales. Il accepta, en outre, le plan de réforme rédigé par les quatre-vingts et en fit le texte d'une ordonnance qui fut lue dans la séance solennelle de clôture.

L'ordonnance de mars 1357 est un vaste monument de réorganisation politique, financière, judiciaire, administrative, touchant à toutes les parties du gouvernement, le plus souvent dans un sens démocratique et moderne. C'est le seul grand essai de constitution qu'on puisse, dans notre histoire, comparer à la grande Charte anglaise et, à dire vrai, c'est une grande Charte communale, que Paris, la grande commune, tente d'appliquer et tâchera de défendre. Les hautes vues de Marcel et de la bourgeoisie s'y révèlent à toutes les lignes : l'inexpérience des rédacteurs ne se traduit guère que par une absence caractéristique d'ordre et de méthode. En voici les éléments essentiels [1].

1° *Réformation générale du royaume.*

Les attributions du grand conseil élu par les Etats sont réglées : il réorganisera le Parlement, la Cour des Comptes, l'hôtel du roi. Toute demande adressée au dauphin sera soumise au Conseil. Les Etats obtiennent le droit de se rassembler quand cela leur paraîtra nécessaire à Paris, ou ailleurs « où bon leur semblera ». Les députés sont mis sous la protection de tout le peuple et des juges royaux. C'est une sorte d'inviolabilité parlementaire. Ils peuvent même se faire accompagner par six hommes armés.

Les Etats s'attribuaient, on le voit, par eux-mêmes ou par le Conseil élu, non seulement ce que nous appelons le pouvoir législatif, mais encore une grande partie du pouvoir exécutif.

2° *Réorganisation financière.*

Nous avons expliqué, plus haut (p. 37), comment les Etats de 1355 avaient attribué à leurs *élus* et à leurs *généraux superintendants* la surveillance financière tant pour la

---

[1] V. Picot. *Histoire des Etats généraux*, t. I, p. 84 et suiv.

perception que pour l'emploi des sommes perçues. L'ordonnance de mars consacre ces principes, en modifiant une fois encore l'assiette de l'impôt. En outre, elle investit complètement pour un an les Etats de tout droit sur « le nom, le titre et le cours des monnaies », conséquence inévitable de la mauvaise foi avec laquelle le roi et le dauphin avaient à plusieurs reprises violé leurs promesses.

3° *Réorganisation militaire.*

L'armée se composait alors d'éléments très divers, dans lesquels l'ordonnance essaie d'introduire la régularité.

Il y avait d'abord le *ban,* c'est-à-dire la réunion de tous les possesseurs de fiefs : convoquer le ban, était le droit de tout suzerain, dans les limites de ses domaines. Mais ce droit, la royauté depuis longtemps tendait à l'annuler en restreignant celui de guerre privée. L'ordonnance renouvelle l'interdiction de guerres privées, et de plus fait défense aux nobles de sortir du royaume, afin qu'aucun ne pût se soustraire au ban du roi.

L'arrière-ban était la convocation des milices communales, des non-nobles [1]. Les seigneurs, au milieu de leurs éternelles querelles du XIe et du XIIe siècle, avaient souvent convoqué l'arrière-ban ; mais les rois, de bonne heure, protestèrent contre cet usage et revendiquèrent pour eux seuls la convocation de l'arrière-ban, ressource suprême dans les grands périls. L'ordonnance confirme sur ce point aussi la prétention royale, en déclarant qu'au roi seul appartenait ce droit ; elle ajoute que l'arrière-ban ne pourrait être convoqué qu'en cas d'absolue nécessité, comme au lendemain d'une bataille et ce « par le conseil des députés, ou de plusieurs des trois Etats ». C'était presque donner aux Etats le droit de proclamer, suivant la formule de 1792, « la patrie en danger ».

---

[1] Tel paraît du moins être le sens de ce mot au XIVe siècle (Voyez CHÉRUEL, *Dictionnaire des Institutions,* Armée).

A côté des ressources féodales, les armées du xiv⁰ siècle renfermaient un élément dont l'importance croissait chaque jour : les troupes soldées. Ce fut à partir de Philippe le Bel surtout que les rois, désireux d'avoir des forces militaires qui fussent bien à eux, imaginèrent de vendre l'exemption du service militaire et d'en consacrer le prix à la création de compagnies de *soudoyers*. Les armées ainsi composées présentaient, à côté de nombreux avantages, deux abus dangereux : les malversations des chefs et les violences des soldats. L'ordonnance y pourvoit : d'une part, elle soumet au sévère contrôle des superintendants et des États l'effectif et la solde des compagnies ; d'autre part, elle prononce les peines les plus sévères contre les « pilleries et robberies des gens de guerre », elle décrète que chacun « leur pourra résister par voie de fait », et que les capitaines seront « tenus à rendre le dommage aux bonnes gens ».

Ce n'est pas tout. L'ordonnance ébauche la création d'une sorte de milice nationale, dans laquelle on peut voir la première application d'un principe que nous avons appelé le *service obligatoire*. Tous les hommes valides doivent être armés, sous la direction des seigneurs hauts justiciers, des baillis, des maires, des juges d'Église, et composer une force chargée de garder le pays contre l'étranger ou contre les pillards.

Enfin, comme dans l'extrême péril de la patrie, aucun secours ne devait être dédaigné, l'ordonnance encourage la formation de bandes de partisans, sortes de corps francs que devaient grossir la misère et la haine de l'étranger.

L'ordonnance ajoute que le dauphin ne donnera aux ennemis trève ni abstinence, si ce n'est par l'avis et conseils des gens des trois États.

4° *Réorganisation judiciaire.*

L'ordonnance entre ici dans le détail de tous les abus des juridictions royales et seigneuriales : il nous serait difficile de l'y suivre ; on se contentera de savoir qu'elle se proposait de doter le pays d'une justice prompte, économique, impartiale, et qu'elle attaquait à la fois la multiplicité des tribunaux exceptionnels, l'avidité des sergents et huissiers qui rançonnaient à l'envi le plaideur, la lenteur des juges qui avaient laissé certaines affaires en souffrance pendant près de vingt ans, au lieu de les évoquer *suivant l'ordre des rôles,* comme l'ordonnance leur en fit un devoir, enfin leur rudesse aux « poures gens », qu'ils doivent désormais « traiter gracieusement et amiablement ».

5° Restriction aux droits royaux et féodaux.

Le roi, les princes de sa famille, les officiers de sa maison, s'attribuaient le droit de prendre, partout où ils séjournaient, les objets nécessaires à leur entretien, de gré ou de force. Vainement Paris et un grand nombre de villes, s'étaient rachetées, en accordant des aides, de ce droit onéreux, dit *droit de prise;* vainement les Etats de 1355 avaient formellement stipulé son abolition. L'ordonnance de 1357 dut faire de cette abolition l'objet d'un de ses plus énergiques articles, sous peine de poursuites criminelles, ou d'une amende quadruple de la valeur de l'objet pris.

Les emprunts forcés, qui étaient aussi une sorte de *prise* exercée principalement sur la haute bourgeoisie parisienne, sont désormais interdits.

Le droit de chasse était, parmi les droits féodaux, le plus détesté peut-être dans les campagnes. L'ordonnance l'atteint dans une de ses formes les plus abusives, la création de nouvelles *garennes.* Le seigneur peuplait de gibier une portion de son fief, et, au grand détriment de l'agriculture, se réservait à lui seul le droit d'y chasser les bêtes, qui prélevaient à l'aise leur dîme et leur taille sur la récolte du paysan. L'ordonnance supprime toutes les garennes établies depuis Philippe de Valois et défend d'en établir de nouvelles.

Ces trois mesures étaient fondées sur le respect de la

propriété. L'ordonnance montre l'importance qu'*elle* y attache par la sanction qu'*elle* leur donne. *Elle* établit, en effet, que dans ces trois cas spéciaux ainsi que dans celui de pillage par les gens de guerre, les paysans et bonnes gens pourront résister en s'assemblant « par cris, son de cloche ou autrement ». On ne pouvait affirmer par une formule plus énergique le droit de légitime défense.

Nous avons analysé longuement cette ordonnance. Elle ne mérite pas seulement qu'on l'étudie, elle a droit à notre admiration. Jamais, avant l'Assemblée constituante, législateurs n'ont été à ce point pénétrés de la nécessité d'une réforme générale, et animés d'un sentiment profond du droit. Jamais la France n'a été aussi près d'avoir une constitution. Un souffle de liberté, d'égalité et de patriotisme circule à travers cette œuvre des bourgeois du xive siècle, de Robert Lecocq et d'Etienne Marcel.

Mais comment allait s'opérer cette transformation du gouvernement ? Comment les idées allaient-elles passer dans le domaine des faits? C'est ici, hélas ! que s'assombrit l'histoire de la révolution du xive siècle : la réforme va sombrer entre les résistances et les impatiences, les perfidies de l'entourage du dauphin et les violences populaires.

Tout le reste de l'année 1357, en effet, est rempli de sourdes menées et de préparatifs menaçants. Le dauphin avait signé l'ordonnance pour obtenir l'aide tant désirée ; mais il semble qu'en vertu d'une morale particulière aux souverains en lutte contre les révolutions, il ait cru, que des promesses en contradiction avec les traditions absolues de la royauté ne l'engageaient pas. Sa mauvaise foi éclata aussitôt après la séparation des députés. Malgré un engagement solennel, il avait maintenu des négociateurs auprès de son père prisonnier à Bordeaux. Le 25 mars, ces négociateurs arrivèrent à Paris, apportant la nouvelle que la paix était signée, et la défense faite par le roi aux villes de payer le subside voté par les Etats. Le coup était perfide : on est volontiers du parti de celui qui défend de payer. Les Parisiens qui avaient la pleine intelligence de la situation et la ferme volonté de soutenir la réforme, firent aussitôt, sous la direction de Marcel, une démonstration si menaçante que le dauphin

« De la deffence que mons. le duc de Normandie fist au prevost des marchans et aultres qui usurpoient la puissance de gouverner le royaume. » (Personnages : le dauphin, le prévôt des marchands, Ch. Toussac, Jehan Delille, Gilles Marcel.)

(Miniature du manuscrit des *Grandes chroniques de l'histoire de France*, exemplaire de Charles V, f° 404.)

retira l'ordonnance de son père et parut se soumettre encore. Mais un grand nombre des bonnes villes, sous couleur d'obéissance au roi, refusèrent de payer le subside, l'autorité et la popularité des Etats en reçurent une grave atteinte.

D'ailleurs, les espérances qu'on avait fondées sur leurs réformes tardaient à se réaliser : « les routes étaient des coupe-gorge, la campagne un champ de bataille, la guerre partout à la fois, sans qu'on pût distinguer amis ou ennemis ».

La misère était grande aussi à Paris et l'inquiétude générale. La famine était imminente, la grande ville étant devenue le refuge de tous ceux auxquels la campagne n'offrait plus de sécurité : « On voyait arriver par toutes les portes les paysans avec leur famille et leurs petits bagages ; puis, par longues files lugubres, les moines, les religieux des environs. Tous ces fugitifs racontaient des choses effroyables de ce qui se passait dans les campagnes [1]. » Cette population qui se grossissait chaque jour, inquiète du lendemain, irritable, prompte aux soupçons, Marcel travaillait à la défendre et comptait s'en servir. Avec une activité que les préoccupations politiques ne ralentissaient pas, il l'organisait sous la direction des quarteniers et des dizeniers, il l'employait à ses grands travaux de fortification qui ne furent pas un instant interrompus. Mais l'ennemi n'était pas seulement au dehors, il était au Louvre aussi, dans ce parti hostile aux réformes qui entourait le dauphin, dans la personne du dauphin lui-même, dont on commençait à connaître la dangereuse opiniâtreté. Marcel se voyait donc obligé de le tenir en bride par le Conseil, de dominer le Conseil lui-même par des conciliabules secrets tenus avec ses plus dévoués partisans, d'opposer complot à complot, et parfois de lâcher l'émeute. On peut lui reprocher les mystères et les violences de sa politique,

----

[1] MICHELET, *Histoire de France*, t. III.

mais il faut reconnaître qu'il n'avait guère d'autre moyen
pour maintenir l'œuvre des Etats contre un adversaire
bien résolu à la faire échouer.

Ce qu'il y avait de plus fâcheux dans cette situation,
c'est que l'unité de sentiments et d'action qui avait enfanté
la réforme, se brisait de jour en jour. Les nobles avaient
quitté le Conseil, presque tous les ecclésiastiques les
avaient imités. Robert Lecocq, resté fermement attaché
aux idées de Marcel, avait dû s'éloigner de Paris devant
les menaces des amis du dauphin. Quant aux Etats ils
n'étaient plus guère généraux que de nom. Des provinces
entières n'y étaient pas représentées ; les deux ordres privilégiés n'y comptaient presque plus de députés. La session
du 30 avril 1337 ne prit aucune résolution importante :
celle de novembre en prit une seule qui allait changer
le caractère de la révolution. Elle obtint, à force d'insistance, la mise en liberté du roi de Navarre, Charles le
Mauvais.

II. — Charles le Mauvais. — Dictature d'Etienne Marcel.

Ce prince allait jouer un grand rôle dans les troubles de
cette époque : il y avait déjà préludé. Roi de Navarre, il
possédait en outre des domaines importants en Normandie
et il en réclamait d'autres dans l'Ouest. Petit-fils de
Louis X le Hutin par sa mère, il avait conservé, sinon des
droits, au moins des prétentions sur la couronne de France.
Il était intelligent, remuant, beau parleur, courtisan de la
popularité. On le croyait capable de tout, non sans raison
peut-être. Il s'était hardiment vengé d'un de ses ennemis,
le connétable de La Cerda, favori de Jean, en le faisant
assassiner, et le roi avait été obligé de lui pardonner, non
sans garder au fond du cœur un implacable ressentiment
qui éclata en 1356. Un jour que le roi de Navarre dînait

chez le dauphin, à Rouen, Jean survint tout à coup et fit arrêter ses six compagnons, qui furent aussitôt mis à mort. Le Mauvais fut retenu dans une étroite captivité. Beaucoup pensèrent que le dauphin avait dressé le piège où son cousin s'était fait prendre.

Le malheur augmenta encore la popularité du Navarrais. A plusieurs reprises, depuis la bataille de Poitiers, les Etats généraux demandèrent sa mise en liberté. Il y comptait d'ailleurs d'ardents amis, les seuls nobles peut-être qui fussent restés dans le parti populaire. Le plus actif était Jean de Pecquigny. De concert avec Etienne Marcel et Robert Lecocq, il sollicita du dauphin, au nom des Etats, l'élargissement du prisonnier. Puis, au lieu de profiter de cet ordre, auquel il prévoyait bien que le dauphin avait secrètement opposé un contre-ordre, il partit pour Arleux, où Charles était prisonnier, et réussit à l'enlever. Le Mauvais fit aussitôt dans Amiens une sorte d'entrée triomphale. Le dauphin, n'ayant pu parer le coup, se résigna à le subir, et accorda au roi de Navarre un sauf-conduit pour venir à Paris (novembre 1357).

Il paraît évident qu'en agissant de la sorte, Marcel avait eu surtout l'espoir de se faire un instrument contre les tergiversations calculées du dauphin, et qu'il se proposait de tenir en échec les deux Charles l'un par l'autre. Rien n'indique qu'il fût alors un *Navarrais* déterminé, comme Jean de Pecquigny : tout prouve, au contraire, qu'il avait travaillé jusqu'alors pour une autre cause, celle du pays lui-même. Mais il semble que l'entrée en scène de ce dangereux personnage soit l'avénement du génie même de l'intrigue. Il est des alliances compromettantes pour les meilleures causes. Tout devient mystérieux dans les conseils du parti populaire ; tout est ténébreux dans la conduite de ses chefs : dès cette heure, Marcel et Robert Lecocq sont suspects.

L'entrée du roi de Navarre à Paris (29 novembre 1357) fit sensation. Laissons la parole au grand historien, qui, mieux qu'aucun autre a su faire revivre le passé : « Le retour de ce méchant homme, mais si malheureux, semblait à la foule celui de la justice elle-même. Amené par les communes d'Amiens, reçu à Saint-Denis par la foule des

« De la predicacion par paroles couvertes que le roy de Navarre fist au pré aux clercs a plusieurs de la ville de Paris. »

(Miniature du manuscrit des *Grandes chroniques de l'histoire de France*, exemplaire de Charles V. f° 405.)

bourgeois qui étaient allés au devant, il vint à Paris, mais seulement hors des murs, à Saint-Germain-des-Prés. Le surlendemain il « prêcha » le peuple de Paris au Pré-aux-Clercs. Le dauphin à qui il avait demandé l'entrée de la ville, et qui n'avait pas osé refuser, vint l'entendre, peut-être dans l'espoir qu'il en dirait moins. Mais la harangue n'en fut que plus hardie. Il commença en latin et continua en langue vulgaire. Il parla à merveille. Il était, disent les contemporains, petit, vif et d'esprit subtil.

» Le texte du discours, tiré, selon l'usage du temps, de la Sainte-Écriture, prêtait aux développements patriotiques : « *Justus dominus et dilexit justitias : vidit æquitatem vultus ejus* ». Le roi de Navarre, s'adressant, avec une insidieuse douceur, au dauphin lui-même, le prenait à témoin des injures qu'on lui avait faites... Le discours fut si long qu'on *avait soupé dans Paris* quand il cessa. Mais quoique le bourgeois n'aime pas à se *désheurer*, il n'en fut pas moins favorable au harangueur. Ce fut à qui lui donnerait de l'argent.

» De Paris il alla à Rouen et y exposa ses malheurs avec la même faconde. Il fit descendre du gibet les corps de ses amis qui avaient été mis à mort au terrible dîner de Rouen et les suivit à la cathédrale, au son des cloches et à la lueur des cierges. C'était le jour des saints Innocents (28 décembre) ; il parla sur ce texte : « Des innocents » s'étaient attachés à moi, parce que je tenais pour vous, » ô Seigneur ! [1] »

Ce fut le signal des harangues. Tout le monde voulut *prêcher* le peuple ; tous les chefs de parti voulurent essayer de ce moyen d'action sur la foule. Le Dauphin vint, le 11 janvier 1358, prononcer aux Halles, devant le peuple assemblé, un discours plein de récriminations et d'insinuations perfides. Il accepta même, le lendemain, une sorte de débat contradictoire avec Marcel à Saint-Jacques

---

[1] MICHELET, *Histoire de France*, t. III.

de l'Hôpital. Mais, ce jour-là, lorsque le chancelier eut parlé en son nom, au moment où l'éloquent échevin Charles Toussac se levait pour lui répondre au nom de Marcel, on vit avec étonnement le Dauphin s'esquiver avec ses gens, au milieu des murmures de l'assistance. Toussac parla cependant avec véhémence : « Il y a tant de mauvaise herbe, conclut-il, que les bonnes ne peuvent fructifier. » Après lui, Marcel se justifia en quelques mots, et la foule lui promit « de le soutenir et porter contre tous ».

Ces réunions populaires, ces débats passionnés échauffaient les esprits et préparaient la bourgeoisie aux violences. Les partis comptaient leurs forces et se rangeaient en bataille. Le Dauphin avait au Louvre des troupes pour sa défense. Marcel voulut lui aussi passer son armée en revue : il ordonna à tous ses partisans de porter un chaperon rouge et bleu aux couleurs de la ville de Paris « en signe d'alliance de vivre et mourir avec le prévôt, contre toutes personnes ». (Janvier 1358.) Un tragique événement permit bientôt aux deux factions de se mesurer dans une démonstration menaçante.

Le 24 janvier 1358, le valet d'un changeur, Perrin Marc, réclama dans la rue le prix d'un cheval vendu à un trésorier du Dauphin, Jean Baillet, qui refusa, voulant probablement essayer de remettre en vigueur le droit de *prise*. La querelle s'échauffa et Perrin Marc tua Baillet d'un coup de couteau. Quelques heures après, le meurtrier était saisi, malgré le droit d'asile, dans l'église Saint-Merry et aussitôt pendu, malgré les réclamations de l'évêque. Le lendemain, Paris eut ce singulier et inquiétant spectacle : d'un côté, le Dauphin et ses gens enterraient en grande pompe Jean Baillet ; de l'autre, Marcel, le clergé et la foule immense des chaperons mi-partie, ramenaient de Montfaucon à Saint-Merry le corps du supplicié.

On eut dit deux armées rangées en bataille, l'épée à demi tirée. Ce fut Marcel qui donna le signal du combat.

Décidé à en finir avec les conseillers impopulaires dont le Dauphin était de plus en plus entouré, le 22 février 1358, il donna « aux métiers » l'ordre de se réunir en armes à Saint-Éloi. Là eut lieu entre les chefs de la municipalité parisienne une conférence dont nous ne connaissons que les résultats. Bientôt on vit Marcel se diriger, à la tête de 3,000 hommes armés, vers le Palais. Le Dauphin en fit ouvrir les portes, il reçut dans sa chambre Marcel derrière lequel se pressait la foule des chaperons mi-partie. Le prévôt prit la parole, et, d'un ton âpre, pressa le prince de pourvoir à la défense du royaume contre les Anglais et contre les pillards. Le Dauphin, entouré de ses officiers ordinaires, répondit avec aigreur « que c'était à ceux qui recevaient les profits de pourvoir à la défense du royaume. » Alors Marcel : « Monseigneur ne vous étonnez de rien de ce que vous allez voir, car il faut qu'il en soit ainsi. » Et se tournant vers ses compagnons : « Faites en bref ce pourquoi vous êtes venus. » Aussitôt la foule se précipite sur les maréchaux de Normandie et de Champagne, particulièrement désignés à sa fureur. Le premier s'enfuit dans un cabinet attenant, il y est poursuivi et tué ; le second est égorgé à côté de son maître, dont la robe est couverte de sang. Le Dauphin éperdu implore Marcel pour lui-même. « Ne craignez rien, répond celui-ci, » et il le coiffe du chaperon rouge et bleu : ainsi dans la journée du 20 juin 1792, Louis XVI fut coiffé du bonnet rouge. Marcel alors sort du palais, portant un signe de victoire, le chaperon du Dauphin (de brunette noire à frange d'or). Un autre officier du prince, Regnaud d'Arcy, venait d'être tué par les conjurés dans la boutique d'un pâtissier où il s'était réfugié. Le prévôt harangue le peuple qui lui crie : « Nous vous avouons de tout. » Il revient auprès du Dauphin encore tremblant : « Ne vous affligez pas, lui dit-il, ce qui s'est fait, s'est fait de la volonté du peuple. »

Grave parole, et bien nouvelle au XIVe siècle, mais pro-

« Comment le prévost des marchans et ses aliés alèrent au palaik
en la chambre de mons. le duc de Normandie, et là, present luy,
tuèrent les II marechaux de Clermont et de Champagne. » (Profil
d'Etienne Marcel.)

(*Grandes chroniques de l'Histoire de France*, fᵒ 409.)

noncée pour la première fois au milieu d'une triste scène.
«Ce double meurtre est, aux yeux de la postérité, le crime
de cet homme extraordinaire », dit un des historiens les
plus favorables à Marcel[1]. Déchaîna-t-il lui-même la fureur populaire, ou voulut-il lui donner une satisfaction
éclatante? On ne sait : c'est le secret de la conférence de
Saint-Eloi. Mais cette délibération même, précédant le
meurtre, lui ôte le caractère d'un acte de fureur aveugle
et irréfléchie. C'est une violence calculée, un avertissement sanglant, une mesure de terrorisme.

Dès lors la réconciliation si désirable du Dauphin avec
Marcel était impossible: il y avait, entre eux le sang des
maréchaux. Le jeune prince dissimula ses desseins avec
son habileté ordinaire. Il parut se résigner à son rôle de
prisonnier de la Révolution ; il admit dans son conseil
Marcel, ses échevins Toussac et Jean de Lisle, avec Robert de Corbie, un des meneurs de la bourgeoisie. Le véritable gouvernement n'était plus au Palais, mais à la Maison aux Piliers. Seulement le Dauphin manifesta à la fin
d'avril le dessein de se rendre à une entrevue avec Charles
le Mauvais, et se sentant épié, il s'enfuit une nuit par la
Seine, dans une barque qu'un serviteur fidèle conduisait.

III. — Etats généraux de Compiègne. — Fin de la révolution parisienne.

A peine hors de Paris, le Dauphin se sentit sur un terrain solide, mais il ne s'y aventura qu'avec une extrème
prudence. Il se rendit d'abord aux Etats provinciaux de
Picardie, à Senlis, puis à ceux de Champagne, à Provins
d'abord, à Vertus ensuite, et quand, assuré de l'adhésion
de la noblesse, il crut que l'opinion des villes elles-mêmes
lui redevenait favorable, il prit une décision hardie : il

---

[1] Perrens, *Etienne Marcel*, ch. VIII.

convoqua à Compiègne les États généraux qui devaient se réunir à Paris le 1er mai.

C'était, par un coup décisif, se saisir de la légalité, et mettre, pour ainsi dire, au ban du royaume la capitale rebelle. L'assemblée fut peu nombreuse, surtout les députations du tiers et du clergé. Mais en revanche elle se montra très ardente : « un furieux esprit de réaction s'y fit jour [1] ». Robert Lecocq s'y était présenté pour occuper sa place de premier conseiller du régent. Sa présence excita une telle colère qu'il dût pourvoir à sa sûreté en se retirant au plus vite à Paris. Et les députés de Compiègne rédigèrent aussitôt contre lui un acte d'accusation qui témoigne de leur passion. La résolution fut prise d'affamer Paris. Les États votèrent une aide.

Cependant ils s'inspirèrent de l'esprit de leurs devanciers en protestant contre les abus financiers, contre les altérations de la monnaie, et en décidant que toutes les affaires seraient examinées en conseil. Ainsi tout en réagissant violemment contre la révolution, les députés de Compiègne appliquaient ses principes, et rendaient un hommage involontaire à son esprit. Le Dauphin fit droit à leurs réclamations par une ordonnance.

Ce qui suit n'appartient plus à l'histoire des États généraux. Il nous suffira d'indiquer en quelques mots le dénouement tragique de ce drame.

Marcel n'était pas homme à céder ; il comptait encore sur la population parisienne. Mais maintenant que l'opinion des provinces se retournait contre lui, que le droit semblait avoir changé de camp, il avait besoin de la force. Où la trouver ?

Un allié surgit tout à coup : les *Jacques ;* on appelait ainsi les paysans qui, las de leur misère, rançonnés par leurs seigneurs, houspillés par les Anglais, par les Navarrais, par les gens du Dauphin venaient de commencer en

---

[1] PERRENS, *Étienne Marcel*, ch. IX.

Beauvaisis une sauvage insurrection. « La bête se releva enragée et mordit [1]. » Marcel voulut se servir de cette arme terrible ; il pensa que les paysans pourraient combattre le combat de la bourgeoisie ; il fit d'incroyables efforts pour généraliser, et en même temps pour discipliner le mouvement des campagnes. Mais les Jacques furent vaincus au marché de Meaux, traqués et livrés aux fureurs de la noblesse, qui se vengea cruellement de ses terreurs d'un moment.

Marcel s'était adressé aussi à son allié naturel, le Mauvais. Il lui avait fait décerner le titre de capitaine général de Paris, et l'avait reçu dans cette ville avec ses troupes, dont les excès indisposèrent bientôt la bourgeoisie parisienne. Un jour le roi de Navarre sortit de Paris, il n'y rentra pas, et bientôt ses soldats surprirent dans une embuscade et massacrèrent une des compagnies organisées par Marcel.

C'est à ce moment désespéré que Marcel adressa aux bonnes villes un suprême appel (11 juillet) qui resta sans réponse.

Le prévôt des marchands conçut alors un plan bien hardi pour une époque où la foi dans la royauté était vive encore : c'était de transférer la couronne de France à Charles de Navarre, et de faire de lui, à certaines conditions sans doute, un roi de la révolution. Il n'eut pas le temps de jouer cette dernière partie. Depuis quelques semaines des hommes du Dauphin travaillaient à retourner contre Marcel l'opinion de Paris lui-même, de Paris affamé et exaspéré par les alarmes incessantes des derniers mois. Ils avaient secrètement gagné à leur cause un échevin que Marcel croyait encore tout dévoué à ses idées, Jean Maillart. Deux conspirations cheminaient ainsi parallèlement dans la ville, l'une navarraise, l'autre royaliste. La nuit du 31 juillet décida entre elles.

---

[1] MICHELET, *Histoire de France*, t. III.

Empruntons à Froissart le récit émouvant de la dernière scène du drame. « Et s'en vinrent un peu après minuit Maillart et ses gens... et trouvèrent ledit prévôt des marchands les clefs de la porte en ses mains. Le premier parle que Jean Maillart lui dit ce fut que il lui demanda par son nom : « Etienne, Etienne, que faites vous ci à cette heure ? » Le prévôt lui répondit : « Jean, à vous qu'en monte de savoir ? Je suis ci pour prendre garde de la ville d'ont j'ai le gouvernement » — Pardieu ! répondit Jean Maillart, il ne va mie ainsi ; mais n'êtes ci à cette heure pour nul bien ; et je vous le montre, dit-il à ceux qui étaient près de lui, comment il tient les clefs des portes en ses mains pour trahir la ville. » Le prévôt des marchands s'avança et dit : « Vous mentez. » — « Pardieu ! répondit Jean Maillart, traître, mais vous mentez. » Et tantôt férit à lui et dit à ses gens : « A la mort, à la mort, tout homme de son côté, car ils sont traîtres ! » La eut grand *hutin* et dur ; et s'en fut volontiers le prévôt des marchands fui, s'il eût pu : mais il fut si hâté qu'il ne put. Car Jean Maillart le férit d'une hache sur la tête, et l'abattit à terre, quoiqu'il fût son compère, ni ne se partit de lui jusqu'à ce qu'il fut occis, et six de ceux qui là étaient, et le demeurant pris et mis en prison. »

« Selon une version plus vraisemblable, Marcel et cinquante-quatre de ses amis qui étaient venus avec lui, tombèrent frappés par des gardes obscurs de la porte Saint-Antoine [1]. »

Ainsi périt le chef de la révolution parisienne. Son grand malheur, et ce malheur explique ses fautes, sans les excuser toutes, ce fut d'être supérieur à son temps, d'être seul à voir clairement le but que les autres n'avaient fait qu'entrevoir. C'est une question délicate de savoir si une révolution ne cesse pas d'être légitime quand elle cesse de

---

[1] MICHELET, *Histoire de France*, t. III ; PERRENS, *Etienne Marcel*, ch. XIII.

répondre aux vœux de la majorité de la nation. Cette
question, Marcel ne se la posa probablement pas. Il alla
toujours en avant, au milieu des découragements, des défections, laissant derrière lui d'abord la noblesse irritée de
la perte de ses privilèges, puis les bonnes villes alarmées
dans leur dévouement au roi, Paris même, las de la lutte,
ses propres amis enfin, effrayés des projets dont il gar-
dait le secret. Il alla, semant ses alliés sur sa route, jusqu'au jour où il tomba obscurément sous la voûte de la
Bastille Saint-Denis.

IV. — États généraux de 1359.

Une réaction violente suivit la mort de Marcel. Dès le
lendemain de cet événement un certain nombre de ses
partisans les plus dévoués, entre autres Charles Toussac,
furent arrêtés, jugés et exécutés. D'autres exécutions sui-
virent la rentrée du Dauphin dans Paris (3 août). Le Dauphin, cependant, paraît avoir borné ses vengeances, et
contenu peut-être la fureur de ses amis. Ce qui le prouve,
ce sont les nombreuses lettres de rémissions accordées par
lui au sujet des événements de 1358. Peut-être l'attitude
de Paris lui donna-t-elle à réfléchir : l'esprit de Marcel
n'était pas mort tout entier dans cette vigoureuse bourgeoisie sur laquelle il s'était longtemps appuyé. Témoin le
hardi propos de ce bourgeois qui, le jour de l'entrée de
Charles, lui dit en face : « Vous voilà dans Paris, Sire, si
l'on m'eût cru, vous n'y fussiez point rentré. » Le Dauphin lui répondit finement : « On ne vous en croira mie,
beau sire. » Et il défendit qu'on portât la main sur lui.
C'est que la lutte et le péril avaient développé en lui
une précoce expérience : chose bien rare chez ceux qui
triomphent d'une révolution, il n'enveloppa pas dans une
haine aveugle toutes les idées de ses adversaires. On verra
plus tard qu'il sut choisir entre elles; on vit même bientôt

qu'il avait retenu quelque chose des sentiments de patriotisme dont Marcel avait été l'incarnation en 1356. Le roi
Jean, dans sa joyeuse captivité de Windsor, venait enfin
de signer un traité avec Edouard III, et quel traité ! Il
cédait toutes les provinces côtières de Calais à Bayonne,
et promettait quatre millions d'écus d'or pour sa rançon.
C'était payer bien cher la liberté d'un tel roi, et même la
paix. Le Dauphin le pensa, et, malgré les souvenirs irri-
tants que lui avaient laissés les assemblées de la période
révolutionnaire, il résolut de convoquer de nouveaux
États généraux pour appuyer sa résistance aux volontés
de son père.

Ils se réunirent le 25 mai 1359, fort peu nombreux,
« pour ce que les chemins étaient empeschiés des Anglais
et des navarrais », mais très résolus. Le Dauphin donna
lecture du traité consenti par son père : les Etats décidèrent qu'il n'était « passable ni faisable », et ordonnèrent
« à faire bonne guerre aux Anglais ». Puis il firent des
promesses de secours qu'il eût été bien difficile sans doute
de réaliser. Heureusement, la paix fut conclue, à de meilleures conditions, l'année suivante.

CHAPITRE IV

LES ÉTATS GÉNÉRAUX DE 1364 A 1559
(première partie)

Après le grand effort de 1356, effort prématuré et impuissant, l'institution des Etats généraux traverse une
longue période, pleine d'incertitude et de contradictions.
On les voit mêlés à beaucoup d'événements importants de
notre histoire, durant ces deux siècles, mais rarement au
premier plan. Représentation tantôt fictive, tantôt réelle
de la nation tout entière, ou d'une partie seulement du
royaume, ils sont par instant résignés au rôle modeste
d'auxiliaires du pouvoir royal; quelquefóis ils aspirent à
ressaisir le gouvernement ou tout au moins un sérieux
contrôle sur le gouvernement. En général, ils réussissent
à faire reconnaître leur droit, mais ils ne peuvent presque
jamais l'exercer. Le seul moyen pour eux d'obtenir une
autorité durable, c'eût été d'assurer la périodicité de leurs
réunions ; elle est fréquemment réclamée, parfois promise,
jamais établie.

Il ne faudrait pas croire cependant que tous leurs actes
et toutes leurs revendications aient été stériles. On verra,
dans notre conclusion (chapitre VIII), comment ils ont
contribué à former et à affermir en France l'*ordre administratif*, le *sentiment national* et l'*esprit libéral*.

Mais leur action n'est ni persévérante ni souveraine :
pas de progrès continu, pas de phases régulières, une

marche capricieuse sans cesse interrompue ou entravée. Il est difficile de tracer dans l'histoire des Etats de ces deux siècles une division rationnelle. Nous nous bornerons à la raconter règne par règne.

1. — LES ETATS GÉNÉRAUX SOUS CHARLES V (1364-1380).

Malgré son aversion naturelle pour cette volonté nationale qui avait failli se substituer à l'autorité royale, Charles V comprenait bien quelle force il pouvait, dans de graves circonstances, puiser dans ces grandes assemblées représentatives, à la condition de les diriger. Il y recourut deux fois.

La première convocation eut lieu à Chartres, en juillet 1367. Ce fut un peu moins que des Etats généraux, un peu plus que des Etats provinciaux. Il s'agissait d'organiser la résistance des villes du centre contre le pillage des grandes compagnies qui, après avoir suivi en Castille soit Duguesclin, soit le prince Noir, se préparaient de nouveau à ravager le royaume. Les députés, convoqués à Chartres, furent ceux des provinces menacées : Champagne, Bourgogne, Berry, Auvergne, Bourbonnais et Nivernais. Les mesures prises furent la visite des forteresses par les baillis et leur réparation aux frais du roi ou des seigneurs, l'armement des paysans, etc. On se souvient que les Etats de 1356 avaient déjà essayé de pourvoir à ce danger et édicté des précautions de même genre.

En 1369 la convocation à Paris eut un caractère plus solennel, et le roi soumit à de véritables Etats généraux la plus grave des questions : celle de la paix ou de la guerre.

Depuis cinq ans Charles V travaillait à guérir le royaume. Il avait terminé deux luttes qui l'épuisaient, la guerre contre le roi de Navarre et la guerre de succession de Bretagne. Il avait en partie purgé le pays des bandes qui l'infestaient. Par une administration probe et économe, par un commencement de réorganisation militaire, il avait rendu ses forces à la France : il songeait maintenant à lui rendre les provinces perdues au traité de Brétigny. L'occasion s'en présenta. Quelques seigneurs gascons, irrités des exigences financières du prince Noir, en appelèrent au roi de France qui reçut leur appel et cita le prince devant le Parlement. L'Anglais répondit par une bravade. C'est à ce moment que le roi résolut de soumettre sa conduite à l'approbation de la nation.

Le 9 mai 1369 les Etats se trouvèrent réunis dans la grande salle du Parlement. Ils entendirent l'exposé de la situation fait par le chancelier Jean de Dorman, et le compte rendu des négociations entamées à Londres au sujet de l'appel. Puis le roi lui-même, avec beaucoup d'habileté, pria les députés de lui faire savoir « s'il avait fait trop ou pas assez ». Deux jours après, les Etats lui apportèrent une approbation unanime.

Sept mois plus tard le roi les réunit encore à Paris, le 10 décembre, pour leur demander les ressources nécessaires à la guerre qui venait d'être déclarée. Après neuf jours de délibération les trois ordres votèrent les plus forts subsides qui eussent jamais été accordés : un impôt de douze deniers par livre sur les ventes, et une gabelle du sel, sans préjudice d'un fouage (impôt par feux), sur les habitants des villes et ceux du plat pays.

C'est l'honneur de Charles V d'avoir ainsi provoqué la nation à un grand sacrifice qui devait être bientôt récompensé par la délivrance presque totale du sol français.

C'est son honneur encore d'avoir, par de sages ordonnances, réalisé quelques-uns des projets de 1356 et 1357. Immutabilité de la monnaie, protection au commerce, contrôle sévère sur les agents financiers, levée de l'impôt sous la surveillance des *élus* (mais nommés par le roi); frais et lenteurs de la justice diminués, réforme dans le personnel du Parlement et du Châtelet; solde régulière assurée aux troupes, répression du pillage des gens de

guerre ; commencement d'infanterie nationale ; interdiction
des guerres privées, suppression du droit de prise, etc.

Mais ces réformes, le roi en réservait à la royauté l'initiative et le bénéfice. Il appelait le pays au conseil quelquefois, mais il ne l'admettait pas au contrôle : « Jamais
prince, a-t-on dit, ne reçut tant de conseils, et ne se laissa
moins gouverner. »

II. — LES ETATS GÉNÉRAUX SOUS CHARLES VI
(1380-1422).

Sous ce triste règne, les Etats généraux se ressentent
du trouble profond qui agite alors la France et l'Europe
tout entière. Ils ne paraissent jamais avoir été complets.
Ce sont les Etats d'une partie du royaume, ou d'un parti ;
ils se laissent absorber par de grands corps plus régulièrement constitués qu'eux ; ils se dissolvent au milieu des
émeutes. Ils oublient même à la fin toutes leurs traditions
et souscrivent à la ruine de la France.

Cependant l'esprit réformateur qui avait animé les Etats
du milieu du XIVe siècle, reparaît dans les premières années du XVe. Mais il y a moins d'ampleur dans l'œuvre,
moins de continuité dans l'effort, l'avortement est plus
prompt et plus complet.

Le début du règne fut marqué par un mouvement qui
mérite plutôt le nom de rébellion que celui de révolution.
Un enfant était sur le trône. Ses oncles avaient pris en
main le gouvernement. Or le bruit courait que le roi
Charles V avait en mourant ordonné, pour la tranquillité
de sa conscience, que tous les impôts créés sous son règne
fussent abolis après sa mort. Testament invraisemblable
et, en tout cas, impraticable. Mais l'opinion publique se
retranchait avec une énergie extraordinaire derrière ces
prétendues volontés du roi mourant. Dès les premiers jours
une émeute arracha aux oncles du nouveau roi la promesse

d'abolir les taxes. Leur embarras était extrême. Gouverner avec les seuls revenus du domaine était impossible ; maintenir les impôts détestés était dangereux ; convoquer les États pour trancher la question ne l'était pas moins. Les princes essayèrent d'un simulacre d'États généraux : ils convoquèrent à Paris, en novembre 1380 et en mai 1381, deux assemblées de notables des trois ordres et obtinrent d'eux quelques secours, notamment le maintien de l'aide de douze deniers par livre sur toute marchandise. Mais quand on voulut lever cet impôt à Paris, l'émeute éclata : ce fut la révolte des Maillotins (mars 1382), un instant maîtresse de Paris, et la résistance à l'impôt s'affirmait si nettement dans la plupart des villes, qu'une nouvelle assemblée de notables réunis à Compiègne, en avril 1382, ne voulut ou n'osa rien accorder aux princes.

Mais ce mouvement, sans idées et sans chefs, cette explosion populaire d'une colère irréfléchie et aveugle, furent aussi stériles que violents. Quelques mois plus tard les oncles du roi conduirent Charles VI en Flandre pour y vaincre les *Chaperons blancs* de Gand, révoltés contre leur comte, et en relations secrètes avec les insurgés parisiens. La victoire de Roosebecke eut son contre-coup à Paris. Le roi y rentra par la brèche, quoique les portes fussent ouvertes, et traita sa capitale en ville conquise. Pendant quelques mois les supplices se multiplièrent; dans l'embarras où l'on était de frapper les vrais chefs du mouvement, on paraît avoir recherché les survivants du grand mouvement de 1356, et sévi sur ceux-là même auxquels Charles V avait accordé des lettres de rémission. Puis une rançon énorme fut imposée à la Ville. Elle ne paya pas seulement cette rébellion de son or, mais encore de ses libertés. Les fonctions municipales du prévôt et des échevins furent supprimées, ainsi que la milice et les corporations des métiers; tout ce qui avait donné à la bourgeoisie, trente ans auparavant, une si forte unité.

Ce qui précède explique la révolution, non plus démocratique, mais démagogique, que nous allons raconter. La royauté, représentée alors par les oncles du roi, crut en avoir fini avec la bourgeoisie parisienne : trente ans plus tard elle sera aux prises avec la populace. Comme le fait remarquer Augustin Thierry[1], « cet abaissement de la classe supérieure composée du haut négoce et du barreau des cours souveraines, avait fait monter d'un degré la classe intermédiaire, celle des plus riches parmi les hommes exerçant les professions manuelles, classe moins éclairée, plus grossière de mœurs et à qui la force des choses donna l'influence sur les affaires et l'esprit de la cité. »

Au mois de janvier 1413, la triste situation du royaume força le duc de Bourgogne, qui dirigeait le Conseil, a convoquer de véritables États généraux. L'horrible guerre civile entre les Armagnacs et les Bourguignons venait d'être suspendue par la paix d'Auxerre (1412); mais les partis restaient en armes. Le trésor était vide, et le roi d'Angleterre se préparait à recommencer la guerre contre la France. Telle fut la situation que le Chancelier exposa aux députés des trois ordres réunis le 30 janvier à l'Hôtel Saint-Pol, et il conclut en demandant le vote « d'une bonne grosse taille ».

Les députés ne tardèrent pas à répondre, et leurs doléances furent exposées à trois reprises par des membres du clergé et de l'Université. C'est en effet l'Université qui prend la direction du mouvement. « Cette bizarre puissance théologique, démocratique et révolutionnaire », renfermait dans son sein des éléments d'une force singulière : ses maîtres renommés dans l'Europe entière, son peuple d'écoliers pauvres, intelligents, ambitieux, ses nombreux privilèges, confirmés par tous les rois précédents, sa forte organisation reposant tout entière sur l'élection. Et les événements devaient tenter son ambition : elle seule était organisée au milieu de la désorganisation géné-

---

[1] *Histoire du Tiers-État*, ch. III.

rale. L'anarchie du royaume, par suite de la guerre civile,
l'anarchie de l'Eglise, par suite du grand schisme, sollici-
taient également son activité : elle essaya la réforme du
royaume aux Etats généraux en 1413, et celle de l'église
au Concile de Constance en 1414.

Les premières remontrances furent faites avec une extrême vigueur par l'abbé du Moustier de Saint-Jean à
Lyon ; il répondit à la demande de subsides par une demande de réformes. Il parla « du peuple *mangié,* des finances du roi perdues ».

Quelques jours après un docteur en théologie, Benoît
Gentien, parla de nouveau au nom des Etats ; mais son
discours assez hardi pour irriter les grands, ne fut pas
assez précis pour satisfaire le parti populaire. Il n'osa pas
prendre à parti les abus et ceux qui en profitaient (9 février 1413).

Un simple moine de l'Université, le carme Eustache de
Pavilly, osa le faire, le 14 février. Son discours fut éloquent
et menaçant, il précisa ses accusations, il formula ses demandes. Il dénonça les prévaricateurs, traça le plan
d'une ordonnance de réformation, et conclut à un emprunt forcé sur quinze cents riches bourgeois.

Le duc de Bourgogne, qui tenait à conserver sa popularité, fit approuver par le roi ces remontrances, et consentit
à la nomination d'une commission de 12 membres, chargée
de rédiger une ordonnance. On y voyait figurer à côté des
deputés des Etats et des membres du clergé et de l'Université, des membres du Parlement, bien que celui-ci eût refusé de s'associer en corps au mouvement. La remarquable
ordonnance du 26 mai 1413 sortit de ses délibérations.

Cette ordonnance plus étendue et plus méthodique que
celle de 1357 comprend 258 articles divisés en 10 chapitres. Elle touche à tous les points de l'administration.
Tout aboutit dans l'ordre financier à la Chambre des
Comptes, dans l'ordre judiciaire au Parlement : ce dernier
corps, se recrutant lui-même, a la haute main dans le

choix des baillis et des prévôts. Nous n'entrerons pas dans
le détail de l'ordonnance, car elle tient moins étroitement
à notre sujet que celle de 1357. En effet, elle n'innove
rien en matière de souveraineté et de gouvernement ; elle
est beaucoup plus *administrative* que *politique* ; on pourrait
dire qu'elle perfectionne et qu'elle transforme tous les
rouages, sans rien changer à la force motrice [1].

L'Université avait ainsi pris la place de l'Hôtel-de-
Ville, compromis en 1358, vaincu en 1382 ; elle avait de-
vancé dans la vie politique le Parlement qui se renfermait
encore dans son rôle judiciaire. Mais sa situation devint
difficile quand il fallut passer de la pensée à l'action. « Il
s'était trouvé des hommes pour concevoir cette loi administrative de la vieille France ; il ne s'en trouva pas pour
l'exécuter et la maintenir. » C'est un curieux spectacle que
la construction de ce monument d'ordre financier et judiciaire au milieu des troubles de la populace. « Les violents
avaient dicté, dit Michelet, les modérés avaient écrit. »
Malheureusement, ce furent les violents encore qui essayèrent d'appliquer : on devine par quels procédés.

Les Etats généraux, qui avaient donné l'impulsion aux
réformes, s'étaient dérobés à l'exécution, on ne sait trop
à quelle date.

La démagogie parisienne fut un moment alors dirigée
par la riche et brutale corporation des bouchers. Ces
seigneurs de l'étal, les Legoyx, les Saint-Yon, les Hausse-
cul, entourés d'une armée de valets tueurs, assommeurs,
écorcheurs, qui ne craignaient ni le tumulte, ni le sang,
firent un instant régner dans Paris une véritable terreur.
Sous la conduite du vieux chirurgien, Jean de Troye, ils
menaient chaque jour l'émeute aux portes du Palais,
accompagnaient de leurs cris les remontrances de leurs

----

[1] Voir l'analyse de l'ordonnance dans Picot, *Histoire des Etats
généraux*, t. I, p. 271, et dans Augustin Thierry, *Histoire du Tiers-
Etat*, ch. iii.

orateurs au Dauphin, saisissaient les officiers royaux qui leur étaient suspects, et très souvent, au lieu de les mener en prison, justiciers expéditifs, les jetaient à la Seine. Ils essayèrent aussi de prendre la Bastille. A la fin, la bourgeoisie, indignée de leurs excès, fit cause commune avec les princes ; on fit sortir par surprise les plus violents de Paris, et on les livra aux Armagnacs, qui bientôt prirent possession de Paris. Le duc de Bourgogne, vaincu avec la populace sur laquelle il s'appuyait, se retira dans ses Etats.

Malheureusement l'ordonnance, déshonorée par le nom de son sauvage protecteur, l'écorcheur Caboche, l'ordonnance *Cabochienne,* disparut avec la révolution qui l'avait engendrée. Elle fut annulée trois mois après sa promulgation, « combien qu'il y eust de bonnes choses », de l'aveu même de ceux qui la supprimaient. Ce vaste travail ne fut pas cependant perdu tout entier : les vœux de 1413 comme ceux de 1357 furent en partie réalisés par un prince intelligent. Charles VII puisera dans les uns comme Charles V avait fait un choix dans les autres.

Six ans après, la guerre civile et la guerre étrangère avaient porté leurs fruits. Le traité honteux de Troyes, qui livrait le royaume de France à la dynastie anglaise (1420), stipulait que les Etats généraux seraient convoqués pour donner leur avis « en ce qui touchait l'obéissance au roi d'Angleterre ». Ils se réunirent en effet : le pauvre roi fou prit la parole pour affirmer que ce traité était « agréable à Dieu, utile au bien public et profitable à ses sujets ». Les Etats ratifièrent tout et votèrent tout ce qu'on leur demanda. Mais étaient-ce bien les Etats de la France ? N'étaient-ce pas plutôt ceux d'un parti, le parti Bourguignon, dont la défection livrait la France aux étrangers ? Peut-on croire que les villes qui résistaient alors aux Anglais furent représentées dans cette assemblée qui les donnait à l'ennemi ? Non assurément, et le réveil du patriotisme le montrera bientôt.

III. — LES ETATS GÉNÉRAUX SOUS CHARLES VII
(1422-1461).

Les assemblées représentatives sous ce règne ont un caractère particulier. Elles sont les auxiliaires actifs et dociles du pouvoir, elles travaillent à fortifier la royauté contre l'étranger et contre les grands. A cette œuvre de reconstitution et de délivrance elles sacrifient même les revendications si fréquemment formulées par leurs devancières. L'amour de la patrie, un immense besoin d'ordre et de repos expliquent cette renonciation momentanée aux traditions libérales des Etats généraux.

Le nom d'Etats généraux, d'ailleurs, convient mal à la plupart de ces assemblées. C'est seulement une représentation de la partie du royaume qui reconnaît le roi de Bourges ; encore est-elle généralement fractionnée en assemblée de Langue d'Oc et de Langue d'Oïl, souvent même les députés sont réunis par groupes de provinces, suivant les besoins et les dangers. La plus importante et la plus complète de leur session sera celle dans laquelle ils abdiqueront pour ainsi dire leur souveraineté et leur droit.

Le nombre des convocations de ces Etats disséminés, pendant les premières années du règne, est en contradiction avec la tradition ordinaire d'un Charles VII indolent et résigné « perdant gaiement son royaume au son des cithares et des rebecques ». Le jeune roi se trouvait dans un grand embarras. Il craignait les Etats généraux et n'osait lever des subsides sans le consentement des trois ordres, ses aides ayant été abolies en 1418. Aussi multiplie-t-il les convocations partielles : pour la Langue d'Oïl, à Bourges (1422) ; à Selles, en Berry (1423 et 1424) ; pour la Langue d'Oc, à Carcassonne (1423) ; à Montpellier (1424) ; au Puy (1425) ; pour les deux Langues, à Mehun-sur-Yevre (1425), et à Chinon (1427). Toutes ces délibérations se ressemblent. Le roi mêle habilement les promesses aux demandes ; les Etats protestent souvent assez vivement, mais concédant presque toujours, ordinairement pour un an : de là la fréquence des convocations.

La session de 1428, à Chinon (octobre), est plus importante, elle coïncide avec l'investissement d'Orléans par les Anglais, et avec l'éveil du sentiment national dont Jeanne d'Arc allait être la plus haute personnification. Les députés de 1428, pénétrés de l'esprit qui allait ranimer la France, votent 400,000 livres « pour le secours de la ville d'Orléans ». L'impôt doit porter sur tout le monde. Les grands qui s'absentaient ou s'abstenaient sont sommés de venir combattre autour du roi. Les idées de réforme sont subordonnées aux mesures de délivrance.

La délivrance vint enfin sous la forme miraculeuse d'une fille du peuple, soulevant le peuple, et faisant aux Anglais une guerre qu'ils ne connaissaient pas. De nouvelles et fréquentes assemblées tenues à Sully-sur-Loire (1429) ; à Chinon (1430) ; à Tours (1433), pour approuver le renvoi du favori La Trémouille, à Tours encore (1435), pour ratifier le traité d'Arras, concoururent à l'œuvre nationale ; et l'histoire ne saurait oublier ses serviteurs obscurs et utiles sans lesquels les capitaines héroïques n'auraient pas eu d'armées, les armées pas de victoires, les victoires pas de conséquences. Il convient aussi de mentionner ici d'autres assemblées plus modestes encore, des Etats provinciaux tenus chaque année dans les provinces du centre, et auxquelles le roi s'adressait de préférence pour le vote des impôts directs, les seuls qu'il ait perçus pendant ces pénibles et glorieuses années[1].

De nouveaux Etats généraux furent tenus en 1439 à Orléans. Le détail ne nous en est guère plus connu que celui des précédents ; et cependant une révolution finan-

---

[1] A. Thomas, *Les Etats provinciaux de la France centrale sous Charles VII.*

cière s'y accomplit, grosse de conséquences politiques.

Les historiens du xvᵉ siècle, Berry entre autres, ne nous parlent que des discussions qui eurent lieu à Orléans au sujet de la continuation de la lutte contre les Anglais ; l'avocat de la guerre fut Jean Raboteau ; celui de la paix, Juvénal des Ursins : ce dernier l'emporta.

Mais, comme on a pu le remarquer déjà, la véritable histoire des Etats généraux se trouve dans les ordonnances royales qui en ont fixé les résultats. Or, la célèbre ordonnance d'Orléans (2 novembre 1439) fait allusion, dans son préambule, aux plaintes réitérées des Etats sur les pilleries des gens de guerre : « Ainsi que bien au long a été dit et remontré au roi par les gens des trois Etats de son royaume, de présent étant assemblés en cette ville d'Orléans » ; évidemment les Etats ont demandé la réforme sur ce point. De là, l'ordonnance qui réserve au roi le droit exclusif de lever des gens de guerre, qui place les capitaines nommés par lui et leurs compagnies régulièrement soldées, dans des garnisons déterminées, et rend les chefs responsables des excès des soldats.

Très logiquement la même ordonnance défend aux seigneurs de lever des tailles dans leurs domaines, et leur ordonne d'y laisser lever la taille royale pour l'entretien de l'armée. Le roi seul aura donc une armée, et le roi seul lèvera l'impôt destiné à l'entretenir. C'est le plus rude coup porté jusqu'alors au régime féodal.

Mais ce coup atteignait aussi les Etats généraux. La permanence de l'impôt les désarmait vis-à-vis du pouvoir royal, l'octroi ou le refus des subsides ayant été jusqu'alors leur unique moyen d'obtenir des réformes.

Dans quelle mesure les Etats d'Orléans consentirent-ils à la permanence de l'impôt ? C'est ce qu'on ignore absolument. La concédèrent-ils spontanément ? C'est possible ; car voulant la fin ils devaient vouloir les moyens. L'accordèrent-ils sur la promesse d'être régulièrement appelés à fixer le chiffre de la taille ? C'est possible encore, car il semble qu'il y ait eu des réclamations dans des assemblées tenues à Bourges, en 1440, à Nevers, en 1441. En tout cas, faite avec eux ou sans eux, la révolution était faite contre eux. Le roi ne convoqua plus les députés de la nation. La noblesse essaya de protester : ce fut la Praguerie. La royauté triompha avec l'appui manifeste du pays, plus affamé alors de repos et d'ordre que de liberté. La lassitude explique la résignation ; l'une et l'autre rendirent possible le règne de Louis XI et l'établissement de l'absolutisme en France.

IV. — Les Etats généraux sous Louis XI.

En cessant d'être puissants, les Etats généraux ne cessèrent pas d'être utiles. Louis XI les enrôla avec une grande habileté dans la lutte acharnée qu'il soutenait contre la grande féodalité.

On sait qu'en 1465, vivement pressé par la *ligue du bien public,* environné d'ennemis, et sur le point de succomber, il n'avait réussi à se sauver qu'en faisant les plus grandes concessions aux princes. Il avait dû notamment donner en apanage la Normandie à son frère Charles, dangereux abandon qui servait à la fois les desseins du duc de Bretagne, du duc de Bourgogne et des Anglais. Aussi Louis XI n'avait-il pas tardé à reprendre cette province (1466), sous le premier prétexte venu. Mais ses ennemis ne l'entendaient pas ainsi : le duc de Bretagne reprit les armes ; et presque au même moment Charles le Téméraire, qui venait de succéder à son père Philippe le Bon, comme duc de Bourgogne (1467), menaça d'envahir la province enlevée à son allié.

Ce fut dans ces circonstances que Louis XI résolut d'assembler les Etats. Quoiqu'on n'eût pas convoqué depuis trente ans les députés de la nation, le souvenir n'en était pas entièrement effacé. Le mot était encore prononcé, la chose était encore désirée, ainsi que le prouve une chanson du temps attribuée à Villon : après avoir énuméré les maux publics le poète ajoute :

> Qui peut pourvoir à ceci bonnement ?
> Qui ? voire, qui ? Les trois Etats de France.

Louis XI manœuvra avec habileté, de façon à trouver en eux un appui, non un contrôle. Les élections furent faites d'une façon toute nouvelle ; les Etats semblent avoir été composés de deux éléments : les grands vassaux ou leurs représentants d'une part ; d'autre part les représentants des villes, au nombre de 192, chaque ville élisant un noble, un clerc, un bourgeois. Le roi du reste devait avoir *préparé* avec soin les élections, « afin qu'il en fût, dit Comines, aidé et non gêné ». Les députés délibérèrent sans distinction d'ordres, ce qui prouve à la fois le progrès des idées égalitaires, et l'habileté du roi qui espérait plus de la confusion que de la distinction des ordres.

Les députés se réunirent le 6 avril 1468 à Tours. Deux questions leur furent soumises, celle des apanages et des intrigues des princes avec l'étranger, celle des abus et des réformes ; les Etats furent comme le roi l'espérait très affirmatifs sur la première, très réservés sur la seconde.

Sur le premier point ils adhérèrent à toutes les mesures prises ou à prendre, touchant le duc de Bretagne et ses « appointements avec les Anglais. Ils déclarèrent que la paix de 1465 était « fourrée et non tenable », que le roi était dégagé de la promesse faite à son frère au sujet de la province de Normandie, qu'il ne pouvait aliéner aucune partie du domaine, que *Monsieur Charles* devait se contenter d'une pension de 60,000 livres. Et tel était leur zèle à cet égard qu'ils accordaient à la royauté une sorte de blanc seing permettant à Louis de faire tout ce qui serait nécessaire, « sans attendre autre assemblée, ni congrégation des Etats, pour ce que aisément ils ne se peuvent pas assembler ».

Après un pareil acte *d'abdication,* on ne peut s'attendre de leur part à de grandes hardiesses au sujet des réformes. Le roi d'ailleurs, avec autant de ruse que de bonne grâce, prit soin de leur signaler lui-même les abus. Il les pria de désigner dix-sept commissaires chargés de recueillir les doléances apportées par les députés [1]. On peut être assuré que les délibérations de cette commission ne furent pas très orageuses, ni leurs conclusions très audacieuses. Peut-être même n'y eût-il ni délibérations, ni conclusions.

Ces États de 1468 nous apparaissent donc résignés à la suprématie royale, mais en même temps fortement attachés au principe de l'unité nationale, de l'intégrité du territoire et animés contre les princes conspirant avec l'étranger d'une généreuse colère. Ce caractère, à la fois national et démocratique des États, persistera désormais à travers toute l'histoire de la monarchie.

----

[1] C'est là peut-être la première origine des cahiers, qui tiendront une si large place dans l'histoire des États suivants. V. Picot, t. I, p. 352.

CHAPITRE V

I. — Les Etats généraux de Tours
sous Charles VIII (1484).

Le règne de Louis XI avait été, suivant l'heureuse expression d'Augustin Thierry, celui « d'un novateur impitoyable ». Ces sauveurs violents, qui foulent aux pieds autant de droits qu'ils détruisent d'abus, et regardent plus à la fin qu'aux moyens, meurent d'ordinaire, qu'ils s'appellent Louis XI ou Richelieu, au milieu d'une impatience mêlée de sourdes colères. Quoique leur règne ait été un bienfait, leur mort semble un soulagement, et la violente réaction qui la suit menace d'emporter à la fois ce qu'il y a de bon et ce qu'il y a de mauvais dans leur œuvre.

Celle qui suivit la mort de Louis XI fut violente. Heureusement le pouvoir était alors entre les mains d'une femme « fine et déliée, s'il en fût oncques, et vraie image en tout du roi son père ». Anne de Beaujeu laissa passer l'orage. Comme toujours la colère populaire s'en prit d'abord aux personnes. Anne sacrifia quelques-uns des agents de son père, instruments utiles mais exécrés du dernier règne. Olivier le Daim, Tristan l'Hermite, Coictier, Doyat et les autres furent frappés dans leurs personnes, leur liberté ou leurs biens. Puis comme l'opinion réclamait d'autres satisfactions encore, comme toutes les classes de

la société avaient des droits ou des privilèges à revendiquer, elle prit une résolution qui témoigne de son intelligence et de son courage : elle convoqua les Etats généraux.

Ces Etats de 1484 doivent donc une partie de leur importance aux circonstances qui en ont amené la convocation. Jamais peut-être la nation ne s'était, à ce point,
passionnée pour les plus graves questions de gouvernement
ou d'administration. Ajoutons que pour la première fois
nous pouvons étudier les délibérations des Etats ailleurs
que dans les témoignages confus, contradictoires ou incomplets des chroniqueurs. Un des membres les plus distingués
de cette assemblée, Jean Masselin, nous a laissé un journal
volumineux et excellent des travaux de l'assemblée.

Les formes même de la convocation et de l'élection des
députés semblent indiquer combien les idées d'unité et
celles d'égalité avaient fait de progrès sous le dernier
règne. Les 284 députés qui composèrent les Etats étaient
vraiment la représentation de la France entière. Toutes
les provinces de la Langue d'Oc et de la Langue d'Oïl
avaient pris part aux élections. Les élections s'étaient
faites par bailliage pour les trois ordres, et, dans beaucoup
de circonscriptions, les mêmes électeurs avaient choisi les
représentants des trois ordres. Ce qui n'est pas moins nouveau, c'est que, dès le début, les députés délibèrent non
par ordres, mais par bureaux, chacun des six bureaux représentant une région de la France. On voit que Louis XI
n'avait pas travaillé en vain à effacer les différences des
classes et à centraliser le gouvernement.

Un des premiers fruits de ces tendances unitaires fut la
décision prise dès le début des Etats. On convint que les
trois ordres rédigeraient en commun, dans chaque section,
un *cahier de doléances,* et qu'une commission de 36 membres
fondrait tous ces cahiers en un seul. Désormais et jusqu'à
la Révolution Française les cahiers seront l'élément essen-
tiel et le résultat le plus durable de toute session des Etats.

On y trouvera l'expression des besoins de chaque époque, on y pourra étudier les progrès de l'esprit public, et la lente élaboration des lois et des idées modernes. Ce sera le champ fertile où quelques bons rois, quelques grands ministres choisiront les idées arrivées à leur maturité, en attendant que la Constituante y fasse une large moisson.

Le cahier de 1484 témoigne déjà de l'expérience administrative des Etats. D'abord les ordres privilégiés ne séparent pas trop ouvertement leurs intérêts de ceux du reste de la nation. Si le clergé, par exemple, demande le maintien de ses privilèges et la garantie de ses biens, il insiste fortement pour le rétablissement de la Pragmatique Sanction. On sait que la Pragmatique, œuvre de Charles VII, détruite par Louis XI, constituait au clergé français une sorte d'autonomie nationale, et le soustrayait à l'action et aux exigences fiscales de la Cour de Rome, en le rendant, par l'élection, à peu près maître de son recrutement. Les prélats, nommés pendant le règne précédent, sous un autre régime, firent à cette demande une vive mais inutile opposition ; l'esprit parlementaire et *gallican* l'emporta avec l'appui du bas clergé.

La noblesse, si durement traitée par Louis XI. devait avoir bien des demandes à présenter : elle en présenta fort peu, espérant sans doute obtenir plus de la faiblesse d'un jeune roi que des décisions d'une assemblée où régnait l'esprit populaire. Ses revendications, en petit nombre, ont assurément un caractère plus personnel et plus égoïste que celles du Clergé. Elle demande que le roi *paye* les services des nobles qu'il emploie dans ses guerres, qu'il fasse une large place aux gentilshommes dans ses services de cours, que dans chaque région il confie aux seigneurs de la région le commandement des places et des forteresses (ce que le prudent Louis XI s'était bien gardé de faire) ; qu'il permette aux nobles de racheter les terres qu'ils avaient été forcés d'aliéner, enfin qu'il rétablisse dans son intégrité le droit de chasse, fort réduit par le roi roturier

Les demandes du Tiers-Etat s'inspirent d'un autre esprit. Cette partie du cahier est remplie de ces idées que nous appelons *modernes,* mais qui constituent en réalité la tradition continue de la bourgeoisie française depuis 1356 juqu'en 1789. En voici les revendications principales :

Impôts : Les Etats protestent contre la lourdeur et la mauvaise répartition de la taille, contre les vices de la perception, contre les dépenses excessives et le chiffre exagéré des pensions ; ils formulent, en outre, un vœu auquel Sully et Colbert devaient plus tard donner satisfaction : les sergents des aides ne pourront saisir, en cas de non-payement des impôts, les instruments aratoires des paysans.

Justice : Ce chapitre a une importance particulière : l'organisation judiciaire et la législation sont d'ailleurs les parties du gouvernement sur lesquelles l'action des Etats généraux a été le plus sensible, sous l'ancienne monarchie. Suppression de la vénalité et de l'hérédité des charges de justice, élection des magistrats par leurs pairs ; conservation du principe de l'inamovibilité, que Louis XI avait établi en droit, mais souvent violé en fait ; convocation fréquente des *grands jours,* sorte d'assises extraordinaires tenues par les Parlements dans certaines villes de leur ressort, pour rendre la justice au criminel ; suppression ou restriction des juridictions exceptionnelles ; enfin rédaction des coutumes dans chaque province.

Armée : Répression sévère des pilleries des gens de guerre ; restriction du chiffre des troupes ; constitution d'une armée mixte composée de trois éléments : gendarmerie féodale, compagnies de mercenaires étrangers, commencement d'infanterie nationale.

Commerce : Liberté des transactions ; sécurité des routes ; suppression ou réduction des péages et des douanes intérieurs ; entretien des ponts. On peut voir dans ces revendications les germes des théories économiques du XVIII° siécle. Il est vrai que, dans la lutte entre les principes et les intérêts, ce n'étaient pas toujours les principes qui l'em-

portaient. Ainsi le cahier demande la suppression des foires
de Lyon, sous prétexte que les marchands étrangers qui y
affluaient emportaient au dehors la monnaie française. En
réalité les villes du centre étaient jalouses de la prospérité
de cette ville de la frontière, et après l'avoir dépouillée,
Bourges et Paris se disputèrent ses dépouilles.

Telle est l'œuvre administrative de 1484 : comme toujours l'exécution fut tardive et incomplète. Charles VIII fit
beaucoup de promesses; Louis XII en réalisa quelques-
unes.

L'œuvre politique des Etats n'est pas aussi simple à ana-
lyser. De quelles garanties les députés allaient-ils entourer
les droits de la nation? Par quelles institutions allaient-ils
limiter le pouvoir absolu dont ils avaient signalé les excès?
Ici leur conduite présente un contraste singulier de hardiesse théorique et de fâcheuses concessions, de vigueur et
d'impuissance.

Deux questions surtout mirent leur intelligence en lumière et leur faiblesse à nu : celle du vote de l'impôt et
celle du Conseil du roi.

Tout d'abord il est certain que les Etats de 1484 voulurent revenir sur l'abandon, volontaire ou involontaire,
mais en tout cas fâcheux, que leurs prédécesseurs avaient
fait en 1439, du droit de voter la taille. Ils demandèrent communication des états de recette; ils proposèrent
de ramener la taille au chiffre de 1439, c'est-à-dire
à 1,200,000 livres ; ils ne consentirent à ajouter les
300,000 livres réclamées par la Cour qu'à titre exceptionnel et comme don de joyeux avènement. Enfin, ils stipu-
lèrent formellement qu'ils ne votaient l'impôt que pour
deux ans, et ils obtinrent du Conseil du roi la promesse
qu'il serait mandé, « de dans deux ans prochainement
venant ». Cette promesse ne fut pas tenue.

Le député qui montra, au cours de ces débats sur l'impôt, le plus de fermeté et de talent, fut ce chanoine de
Rouen, Jean Masselin, auquel nous devons le journal des

Etats généraux. La timidité, l'inertie, l'égoïsme de quelques-uns des six bureaux paralysèrent la bonne volonté et l'énergie de l'assemblée.

Ces discordes et ces défaillances partielles rendirent plus complet encore l'échec des Etats sur le second point : la formation du Conseil du roi. Charles VIII, majeur depuis quelques mois, était en fait absolument incapable de gouverner par lui-même. Un conseil provisoire lui avait été donné à son avènement. Il s'agissait de constituer le Conseil définitif. Les Etats étaient donc appelés à exercer la plus haute de leurs attributions, à pourvoir au gouvernement, à faire acte de souveraineté.

La question n'était pas seulement importante, elle était délicate : une foule d'intrigues se nouaient autour d'elle : intrigues des princes qui voulaient garder du pouvoir; intrigues des provinces ou sections qui désiraient chacune s'assurer la plus large part dans le futur gouvernement; intrigues des députés qui cherchaient à obtenir l'entrée au Conseil et qui l'attendaient beaucoup plus de la faveur de la Cour que du choix de leurs collègues [1].

Le débat fut, dès la première séance générale, élevé à une grande hauteur par le discours de Philippe Pot, sire de La Roche, ancien favori du duc Philippe le Bon. Il répondit avec une véritable éloquence à ceux qui contestaient aux Etats le droit de former le Conseil.

Après avoir exhorté ses collègues à se fixer une règle et à se tracer un plan de conduite, il porta la question sur le terrain des principes : « Il est constant, dit-il, que la royauté est une dignité et non la propriété du prince... Il importe donc extrêmement au peuple quelle loi et quel chef le dirigent : si le roi est bon, elle grandit; si non, elle s'appauvrit et s'abaisse. Qui ne sait et qui ne répète que *l'Etat est la chose du peuple?* S'il en est ainsi comment le peuple

---

[1] Voir le détail de ces intrigues dans un travail de M. Noel Valois (*Bibliothèque de l'École des Chartes*, 1882, p. 593).

pourrait-il en abandonner le soin! Comment de vils flatteurs attribuent-ils la souveraineté au prince qui n'existe lui-même que par le peuple, *donateur* du pouvoir? Le peuple a deux fois le droit de diriger ses affaires, d'abord parce qu'il en est le maître, ensuite, parce qu'il est toujours victime d'un mauvais gouvernement. J'appelle peuple, non seulement la plèbe, mais encore tous les hommes de chaque ordre, et, sous le nom d'Etats généraux, je comprends même les princes... Ainsi vous, députés des Etats généraux, vous êtes *les dépositaires de la volonté de tous*... Vous êtes ici pour dire et pour conseiller librement ce que, par l'inspiration de Dieu et de votre conscience, vous croirez utile au pays. Et cependant vous vous taisez; vous abandonnez le point capital, le principe et le but de vos efforts ! Sans un conseil émané de vous, que deviendront vos travaux? Qui entendra vos plaintes et vos doléances? Pourquoi prendrions-nous la peine d'aller plus avant?... Très illustres seigneurs, ayez une grande confiance en vous-mêmes, de grandes espérances et une grande fermeté. Songez à cette liberté des Etats que vos ancêtres ont défendue avec tant de zèle, et ne souffrez pas qu'elle périsse à cause de votre faiblesse. »

Ce discours, dont les idées et la forme sont également remarquables, peut être considéré comme le premier monument de notre éloquence politique : c'est à la Renaissance probablement, qui passait alors d'Italie en France, c'est au commerce de l'antiquité qu'il faut attribuer cette liberté d'esprit, cette logique rigoureuse et ce souffle oratoire.

Malheureusement ces conseils ne furent point suivis, et les intérêts eurent raison des principes. Tandis que deux sections, celles de Normandie et de Bourgogne, adoptant les idées de Philippe Pot, proposaient de donner aux Etats la plus grande part dans la constitution du Conseil, par un ingénieux système d'élection et de cooptation, les quatre autres sections, irrésolues, jalouses, animées d'une mesquine ambition, activement travaillées par les princes et par les membres de l'ancien Conseil, abandonnèrent le droit des Etats. La majorité décida que le Conseil provisoire deviendrait le Conseil définitif : il serait présidé par le jeune roi, ou à son défaut, par le duc d'Orléans, par le duc de Bourbon, ou par le duc de Beaujeu. Les Etats exprimaient timidement le vœu que le Conseil fût complété, par l'adjonction de « gens sages, vertueux, de bonne conscience », pris et élus dans les six sections. La chute est grande des hauteurs audacieuses de la théorie analysée plus haut à cette humble requête.

Restait à régler une question complémentaire, celle de la garde et de l'éducation du jeune roi. Les Etats y montrèrent la même faiblesse. Le vœu manifeste de la majorité était de confier la garde et l'éducation du jeune roi à sa sœur, qui leur inspirait toute confiance. Ils allaient le faire et un projet de résolution était déjà rédigé sur ce sujet, quand les députés apprirent que cette décision blessait au vif le duc d'Orléans, premier prince du sang. Ils étaient fort perplexes, et avaient déjà plusieurs fois modifié le texte de cet article, lorsque le sire et la dame de Beaujeu demandèrent que leur nom ne fût pas prononcé. L'habile fille de Louis XI évitait un conflit, sans rien perdre de son autorité ; elle savait qu'elle resterait, après comme avant les Etats, maîtresse de l'esprit de son frère, et que par lui elle présiderait le Conseil sans y paraître.

Tant de défaillances et de défections faisaient mal augurer de la fin de la session. Cette fin fut assez misérable en effet. Bien mourir est une chose difficile pour les assemblées comme pour les hommes. Celle de 1484 s'était usée et discréditée avant de disparaître. Lorsque les princes et la cour eurent d'elle ce qu'ils en attendaient, ils ne songèrent plus qu'à s'en débarrasser. Le 7 mars, le roi partant pour Amboise fit ses adieux aux Etats. Le 11, dans une séance générale, le chancelier annonça la clôture de la session ; et comme la majorité refusait de se séparer, attendant qu'une ordonnance royale vînt, suivant l'usage, donner satisfaction aux demandes du cahier, on fit savoir que l'indemnité payée jusque là aux députés cesserait de leur être remise. La plupart cédèrent à cette menace ; les Etats ne se séparèrent pas, ils disparurent.

Il y a beaucoup à louer et beaucoup à blâmer dans l'histoire de cette intéressante session. Pour l'intelligence administrative, les députés de 1484 étaient supérieurs à leurs devanciers. Leur cahier, plus méthodique que l'ordonnance de 1357, plus complet que l'ordonnance de 1413, inaugure dignement la grande série des travaux législatifs qui désormais marqueront dans l'histoire la place de chaque assemblée des Etats généraux. Mais ils ne furent pas à la hauteur de leur tâche politique. Convoqués à un moment décisif, où ils pouvaient enrayer l'absolutisme, tout en profitant des services qu'il avait rendus à la nation, ils laissèrent échapper cette occasion unique dans notre histoire. En 1356 l'heure n'était pas venue encore de placer à côté de la royauté le conseil de la nation, car la nation n'avait pas encore conscience de ses droits, à peine de son existence. En 1484, peut-être était-il déjà trop tard, peut-être « les éclairs de volonté et d'éloquence politique ne pouvaient-ils plus rien contre les faits accomplis[1] ». Et cependant on a peine à croire que les Etats n'auraient pas pu, avec un peu plus d'union, de désintéressement et de caractère, inaugurer une sorte de système parlementaire, dont l'essai est désormais indéfiniment ajourné[2].

II. — LES ETATS GÉNÉRAUX DE TOURS
SOUS LOUIS XII (1506).

Louis XII, bon administrateur, économe, paternel, n'eut guère besoin de recourir aux Etats généraux. Il devança les

---

[1] Augustin THIERRY, *Histoire du Tiers-Etat*, ch. IV.
[2] V. PICOT, *Histoire des Etats généraux*, t. I, p. 532.

plaintes en prenant l'initiative des réformes, et il s'inspira largement des demandes des Etats de 1434, notamment dans l'ordonnance de 1499, touchant la justice.

Cependant il fit appel à la représentation nationale, dans une grave circonstance, ou l'avenir de la France en Europe était engagé. C'était en 1506. Deux ans auparavant il avait signé les déplorables traités de Blois. Par le premier de ces traités il promettait la main de sa fille Claude au jeune Charles, petit-fils de Ferdinand-le-Catholique et d'Isabelle de Castille, de Maximilien d'Autriche et de Marie de Bourgogne. La Bretagne, le Comté de Blois, le Milanais, Gênes, le royaume de Naples, peut-être la Bourgogne devaient grossir l'immense héritage du futur Charles-Quint. Ces clauses compromettaient pour l'avenir la suprématie et presque l'indépendance de la France. La vanité maternelle de la reine Anne n'y était pas étrangère. Louis XII était d'ailleurs dépité et découragé tout ensemble de ses revers en Italie ; mais il ne tarda pas à comprendre la gravité de sa faute, et, pendant une longue maladie, il annula par un testament tenu secret le projet de mariage.

Toutefois, comme il lui était difficile de se dégager vis-à-vis de ses alliés, il songea, comme Louis XI en 1468, à se couvrir de l'autorité de la nation elle-même, dont les intérêts étaient en jeu, et ce fut lui qui, vraisemblablement, provoqua un mouvement populaire en lui laissant une spontanéité apparente. Des assemblées furent tenues dans diverses provinces et une sorte de pétitionnement fut organisé pour la rupture du traité de Blois. Alors Louis XII, cédant ou feignant de céder au vœu unanime du pays, convoqua les Etats généraux qui se réunirent à Tours, le 10 mai 1506. On y vit figurer pour la première fois « des gens sages et consultés », non seulement de toutes les villes mais encore de tous les Parlements du royaume. Le corps judiciaire faisait alors ses premiers pas dans la vie politique.

La délibération dura trois jours seulement. Les Etats choisirent comme orateur Thomas Bricot, chanoine de Notre-Dame de Paris, et la séance royale eut lieu le 14 mai.

Le chancelier Michel de Lhospital, d'après Léonard Gautier.

Cette assemblée, fait nouveau dans l'histoire des Etats généraux, n'avait ni griefs à exposer, ni demande de subsides à discuter. Le roi avait depuis huit ans spontanément diminué les impôts et accordé des réformes. Aussi

le discours de Thomas Bricot s'ouvrit-il par un panégy-
rique. L'orateur le termina en déclarant que le roi « devait
être appelé Louis douzième, *père du peuple* ». L'acclamation générale qui répondit à ces paroles arracha au roi des
larmes d'émotion. Alors Thomas Bricot, s'agenouillant
devant le père du peuple, le supplia de donner en mariage
sa fille à François d'Angoulême, héritier présomptif de la
couronne.

Louis répondit qu'il en délibérerait en son Conseil. La
délibération fut conforme au vœu des États. Le 19 mai, les
députés, réunis en séance solennelle, reçurent la nouvelle
des fiançailles qui devaient avoir lieu le 21, et qui furent
en effet célébrées en leur présence.

On ne saurait nier qu'il y ait eu dans cette manifestation une large part de mise en scène. Mais ce serait en
méconnaître le caractère que d'y voir seulement une comé-
die politique. Sans doute les rôles étaient préparés : mais
c'étaient ceux que l'intérêt national, d'accord avec l'intérêt
dynastique, imposait à la royauté et au pays. Cet accord,
si rare entre les deux puissances que nous avons vues si
souvent en lutte, est tout à l'honneur du roi que ses sujets
venaient de saluer du nom de *père*.

III. Assemblées tenues sous François Ier et Henri II (1515-1559).

François Ier inaugure en France la monarchie absolue.
Ce régime devait s'accommoder assez mal de la liberté de
parole des États. Aussi on ne peut signaler sous ce règne
que deux assemblées : l'une, en 1525, pendant la captivité
du roi ; l'autre, en 1526, après sa délivrance ; et elles n'ont,
en aucune façon, le caractère d'États généraux.

Sous Henri II, le péril national et l'émotion publique,
après le désastre de Saint-Quentin, forcèrent le roi à convoquer des États. Mais si l'opinion réclamait des États

généraux, la Cour redoutait fort ce tête-à-tête avec la nation. Le roi résolut de donner au pays une satisfaction. Il convoqua, sous le nom d'Etats, une de ces assemblées, qu'on a depuis appelées assemblées des notables. Les trois ordres y étaient représentés *sans élections;* ils avaient pour mandataires leurs représentants, en quelque sorte, officiels ; pour la noblesse, les baillis et sénéchaux ; pour le clergé, les archevêques et évêques ; pour le Tiers-Etat, les maires et échevins.

A cette assemblée, qui s'ouvrit le 5 janvier 1558 dans la salle Saint-Louis, le roi demanda un emprunt forcé de trois millions. L'expédient était fort impopulaire. Le clergé se résignait, le Tiers hésitait, lorsque survint, le 9 janvier, la nouvelle de la prise de Calais par le duc de Guise. La joie qu'en éprouvèrent les Députés et le pays abrégea les délibérations. L'emprunt fut voté, mais il fut convenu que chaque ville l'organiserait à son gré, par une méthode assez semblable à celle qu'on avait inaugurée à Paris, en créant les rentes de l'Hôtel-de-Ville (1522).

L'heure n'était pas éloignée où la terrible crise des guerres religieuses allait ramener sur la scène politique de véritables Etats généraux.

CHAPITRE VI

LES ÉTATS GÉNÉRAUX PENDANT LES GUERRES DE RELIGION (1560-1598)

On a pu remarquer déjà que c'est au milieu des grandes crises nationales que se tiennent les sessions les plus importantes des Etats généraux. En présence des dangers que courent l'unité et l'indépendance du pays, la royauté se sent plus faible, la représentation nationale s'enhardit. La triste période des guerres de religion n'est pas moins intéressante à cet égard que la guerre de Cent-Ans. Elle comprend trois grandes convocations d'Etats généraux, et les sessions de 1560, 1576, 1588 se distinguent des précédentes par plusieurs caractères nouveaux.

D'abord les cahiers des Etats sont plus étendus, plus méthodiques. Inspirés par un esprit nouveau, et rédigés par des jurisconsultes remarquables, ils s'attachent surtout à la réforme législative et leur ensemble forme « comme un nouveau fond de droit civil... dont plusieurs dispositions subsistent encore dans nos codes actuels [1] ».

En outre l'expérience politique des Etats a fait de visibles progrès; leurs débats qui nous sont connus, comme ceux de 1484, par des relations étendues, sont de véritables débats parlementaires. Les députés ont une notion très nette et un sentiment très vif de leur droit; on sent en eux

---

[1] Augustin THIERRY, *Histoire du Tiers-Etat*, ch. v.

cct instinct de la résistance légale qui fait la force des assemblées.

Malheureusement les temps sont trop orageux. Le progrès des lois reste lettre morte, les réformes votées, décrétées, ne sont pas exécutées. D'ailleurs les passions religieuses et l'esprit de faction troublent le sens droit et pratique des députés. Aussi l'effort est grand, le résultat médiocre.

I. — Etats généraux d'Orléans (1560).

La découverte et la répression de la conjuration d'Amboise (mars 1560) avaient singulièrement ému l'opinion publique. On parlait des Etats généraux. Amis et ennemis des Guises, partisans et adversaires de la Réforme, en réclamaient la convocation avec une égale ardeur. Les Guises qui gouvernaient au nom du jeune François II, inquiets de ces mouvements de l'esprit public, essayèrent d'abord d'une assemblée de notables. Elle s'ouvrit à Fontainebleau le 20 août 1560. Les questions religieuses et politiques y furent agitées. Les protestants irrités, les catholiques mécontents de la politique lorraine, s'y firent entendre par la voix de Coligny, de Montluc, évêque de Valence et de Marillac, archevêque de Vienne. Les notables conclurent à la prochaine convocation des Etats généraux.

Les élections furent très agitées, surtout à Blois, à Angers, à Paris. Elles se faisaient au moment même où par un coup hardi le duc de Guise et le cardinal de Lorraine tentaient de se débarrasser de leurs rivaux, les Bourbons. Mais, lorsque les Etats se réunirent, la mort de François II avait sauvé Antoine de Bourbon et Louis de Condé. La situation était profondément modifiée. De maîtres de l'Etat, les Guises étaient devenus simples chefs de partis ; la minorité du jeune Charles IX remettait le pouvoir entre les mains de la reine mère. Or le rôle de l'ambitieuse Catherine de Médicis était tout tracé : tenir les deux partis religieux en échec l'un par l'autre, les paralyser pour les dominer. Cette politique d'équilibre était en ce moment d'accord avec une politique bien différente, qu'on pourrait appeler la politique d'équité : faire respecter les droits de chacun par tous, réconcilier peu à peu les partis et sauver ainsi l'unité nationale. Tel était le programme du chancelier Michel de Lhospital, « dont on peut dire qu'il eut le génie d'un législateur, l'âme d'un philosophe et le cœur d'un citoyen [1] ».

Les plus nobles paroles qui aient jamais inauguré les travaux d'une assemblée française, furent celles que prononça le chancelier dans la séance d'ouverture, à Orléans, le 14 décembre 1560. Après avoir rendu pleine justice à l'institution des Etats généraux, proclamé leur nécessité, affirmé leur droit, il critiqua librement la conduite des trois ordres, et demanda à tous de maintenir la vieille maxime « une foi, une loi, un roi ». Il fit appel à la tolérance des uns, à la patience des autres : « A ces *noms diaboliques,* disait-il, factions, séditions, luthériens, huguenots, papistes, substituons le beau nom de chrétiens. » Ce grand homme craignait de voir périr à la fois la patrie et la religion au milieu des factions irréconciliables.

Les trois ordres, dès le lendemain, délibérèrent séparément : chacun d'eux choisit son orateur : le clergé, Jean Quintin, doyen de la Faculté de droit à l'Université de Paris ; la noblesse, le seigneur de Rochefort ; le Tiers-Etat, Jean de Lange, avocat de Bordeaux. Au milieu des intrigues que suscitèrent ces choix, la rédaction des cahiers fut activement poursuivie.

Dans la séance royale du 1er janvier 1561, l'orateur du clergé traduisit dans un langage violent les passions de son ordre : il fit appel contre l'hérésie au bras séculier. La

---

[1] Augustin Thierry, *Histoire du Tiers-Etat*, ch. v.

noblesse, divisée sur le terrain religieux, se montra par la voix du seigneur de Rochefort, égoïste et hautaine, dans la revendication de ses privilèges. L'orateur du Tiers-Etat, dans une remarquable harangue, attaqua hardiment le luxe et la corruption du clergé, l'indolence de la noblesse et son arrogance : il affirma les droits du Tiers-Etat, réclama la convocation d'un concile libre pour la pacification religieuse et la réforme des abus de l'Etat. C'était dans la bourgeoisie, on le voit, que les paroles du chancelier avaient trouvé le plus d'écho.

Ce fut aussi dans le cahier du Tiers-Etat que prévalut le souci de l'intérêt public. Ce cahier, composé de 354 articles, renferme des revendications politiques et économiques d'un caractère singulièrement nouveau. Voici les principales :

Gouvernement : Le Tiers réclame la périodicité des réunions des Etats, au moins tous les cinq ans ; ils voteront tous les impôts nouveaux, ils décideront de la paix et de la guerre. C'est le programme de 1357.

Affaires ecclésiastiques : Réforme des abus du clergé : la *résidence* sera imposée aux prélats, ainsi que l'obligation de visiter leur diocèse, et de surveiller les ordres monastiques. Le haut clergé sera recruté par l'élection ; défense est faite aux prêtres de recevoir des dons par testament. Le nombre des jours fériés sera réduit. Une partie des revenus ecclésiastiques sera affectée à l'établissement de nouvelles chaires dans les Universités, et à la création d'un collège auprès de chaque église cathédrale ou collégiale, collège où l'instruction sera donnée gratuitement. Dans les petites paroisses, le curé donnera *gratuitement,* lui aussi, les éléments de l'instruction aux enfants pauvres. C'est chose assurément très nouvelle que ce souci de l'instruction gratuite. Très nouvelle ou très ancienne, car Charlemagne en avait fait une des conditions de l'établissement de la dîme. Le Tiers-Etat joignait à ses demandes un vœu en faveur de la tolérance et de la réclamation d'une amnistie pour le fait de religion.

Organisation judiciaire : L'abus de la vénalité des charges judiciaires était criant depuis François Ier. Le cahier du Tiers-Etat demande que les charges soient gratuites. Pour les cours souveraines, telles que les Parlements, les magistrats éliront un candidat ; pour les tribunaux inférieurs l'élection sera faite à la fois par les magistrats et par les maires et échevins. La nomination appartiendra au roi. Les *épices* (présents faits aux juges par les plaideurs) seront supprimées et remplacées par des gages régulièrement payés. Les juridictions exceptionnelles seront abolies. Les anciennes lois et ordonnances seront revisées et réunies en un seul corps. Le cahier de 1560 apporte d'ailleurs à ce code futur de nombreux éléments en matière de droit civil, criminel, commercial, de procédure civile et criminelle, de police générale et municipale.

Commerce et industrie : Le cahier se montre peu favorable à la liberté de l'industrie. Il demande le maintien et la fixation des règlements des corporations et maîtrises. Mais il réclame le développement de la liberté commerciale, l'abolition des monopoles, la suppression des douanes intérieures, l'abaissement des droits sur les marchandises sortant de France. Le développement des banques et surtout la rapide fortune des banquiers étrangers excitent dans l'esprit du Tiers-Etat une visible inquiétude. On voit qu'en 1560, comme auparavant, comme plus tard, sur ce terrain des intérêts économiques, le progrès et les préjugés se livrent un combat dont l'issue sera longtemps indécise.

Tels sont les traits généraux de la réforme proposée par le Tiers-Etat, d'accord sur quelques points seulement avec l'un ou l'autre des ordres privilégiés. Cette rapide analyse ne saurait donner une idée de ce travail immense dans lequel se résume l'activité intellectuelle d'un grand siècle.

« Les députés montrèrent à Orléans une fécondité digne

d'étonner quiconque a la patience d'examiner en détail la portée de leur œuvre [1] ».

Restait la question la plus grave, celle des besoins financiers de la royauté. Après quelques hésitations la régente se décida à faire connaitre aux députés le déficit : il était de quarante-trois millions ! Cet aveu provoqua dans les Etats une véritable stupeur, et presque aussitôt une résolution hardie. Les trois ordres, le clergé en tête, déclarèrent qu'ils n'avaient pas des pouvoirs suffisants pour consentir aux sacrifices énormes qu'on leur demandait, et ils refusèrent de voter aucun impôt. La cour, fort embarrassée en présence de ce refus, se décida à prononcer la clôture des Etats le 31 janvier (1560). Il fut convenu que chacune des treize provinces élirait un député de chaque ordre, et que ces trente-neuf délégués se réuniraient six mois plus tard pour délibérer sur les moyens de combler le déficit.

En conséquence une session d'Etats généraux restreints, complément nécessaire de la session d'Orléans, se tint à Pontoise au mois d'août 1561. Elle n'était composée que de treize membres de la noblesse et de treize députés du Tiers. La représentation du clergé en avait été distraite et envoyée au colloque de Poissy, où la question religieuse allait être traitée. L'assemblée de Pontoise fut plus remarquable encore que les Etats d'Orléans, par l'éclat des délibérations, la nouveauté des vues et la fermeté de l'attitude. Les deux ordres tombèrent d'accord sur un point : le clergé devait contribuer à éteindre la totalité de la plus grande partie de la dette. Divers systèmes furent alors mis en discussion. Le plus hardi fut celui auquel s'arrêta le Tiers-Etat. Les biens ecclésiastiques seraient mis en vente. On pensait que cette aliénation produirait 120 millions ; 48 millions seraient placés, et l'intérêt en serait servi au clergé, en compensation de la perte de

---

[1] Picot, *Histoire des Etats généraux*, t. II, p. 288.

ses biens ; 42 seraient employés à éteindre la dette. Le reste (30 millions) serait réparti entre les villes qui pourraient employer ce capital à des prêts aux particuliers et au développement de leur activité commerciale.

La portée politique de ce plan était plus considérable encore que ses résultats financiers. Par là le clergé cessait d'être un corps, il entrait dans l'Etat. C'est presque la *constitution civile du clergé,* deux cents ans avant la Constituante. Mais en 1561 le clergé para le coup par un sacrifice habile. Il offrit au roi un don de 17 millions. Les deux ordres laïques se résignèrent alors à voter un impôt sur le vin, qui devait rapporter à la cour 1,200,000 livres par an.

Les notables de Fontainebleau, les Etats d'Orléans, l'assemblée de Pontoise forment comme un tout politique, qui se détache avec une singulière vigueur dans le tableau de notre histoire parlementaire. Les députés de 1560 sont supérieurs par plus d'un côté à ceux de 1484. Sans doute ils n'élevèrent pas le débat aussi haut, ils n'abordèrent pas aussi hardiment la théorie même du pouvoir royal et des droits de la nation. Ni le discours de Jean de Lange à Orléans, ni celui du *vierg* (magistrat municipal) d'Autun, à Pontoise, n'égalent l'éloquente harangue de Philippe Pot. Mais la comparaison est à l'avantage de l'assemblée du xvie siècle pour la sagacité administrative, pour la patiente élaboration de l'œuvre législative, et surtout pour la cohésion et la fermeté avec lesquelles elle tint tête au pouvoir royal. C'est la seule assemblée, depuis 1357, dont on puisse dire qu'elle fût forte de son droit, et énergique jusqu'au bout.

Les Etats d'Orléans ont eu, outre leur mérite, une bonne fortune. « Seule entre toutes les assemblées d'Etats, l'assemblée de 1560 trouva à côté d'elle un ministre assez courageux, un homme d'Etat assez puissant pour entreprendre la réalisation de ses espérances [1]. » L'ordonnance

------

[1] Picot, *Histoire des Etats généraux,* t. II, p. 290.

d'Orléans, promulguée après la clôture de la session de
Pontoise (septembre 1561); celles de Roussillon (1563), et
de Moulins (1566), donnèrent satisfaction à un grand
nombre de vœux formulés dans les cahiers.

II. — ETATS DE BLOIS (1re SESSION : 1576-1577).

La guerre civile suivit de près les Etats d'Orléans. Elle
éclata malgré les efforts de Lhospital et son édit de tolérance (janvier 1562). Bientôt le grand Chancelier laissa
Catherine jouer seule le jeu dangereux et criminel qui
aboutit à la Saint-Barthélemy. Quand Charles IX expira
au milieu des visions sanglantes qui hantaient son agonie,
son frère revint en France, s'enfuyant comme un malfaiteur
du royaume de Pologne dont il venait de prendre possession. Dès la seconde année de son règne ses provocations
maladroites suscitèrent une cinquième guerre civile.
Henri III se hâta d'accorder la paix aux protestants et aux
politiques, au roi de Navarre et au duc d'Alençon. *La paix
de Monsieur* faisait à tous les mécontents les plus larges
concessions qu'ils eussent encore obtenues : liberté de
culte très étendue, huit places de sûreté aux huguenots,
des gouvernements de province à leurs chefs, une amnistie
pleine et entière, une indemnité aux enfants des victimes
de la Saint-Barthélemy (1576).

A la nouvelle de ce brusque revirement de la politique
royale, un vif mécontentement se manifesta dans le parti
catholique, dont le jeune duc de Guise, Henri (le Balafré),
commençait à saisir la direction. Un gentilhomme, le sire
d'Humières, gouverneur de Péronne, prit l'initiative de la
résistance; il refusa de livrer sa citadelle à Condé, qui
venait d'être nommé gouverneur de Picardie et, pour
appuyer sa résistance, il organisa une association catholique qui allait devenir la Ligue. « Son ressort fut le serment d'assistance mutuelle et de dévouement jusqu'à la

mort, un régime de terreur, l'obéissance absolue à un chef
suprême qu'on devait élire. La seule annonce de cette élection future était une menace pour le roi[1]. »

Henri III comprit le danger. Il avait plus d'intelligence
que de courage, et surtout plus d'adresse que de conscience.
Sa politique, comme celle de sa mère, était toute d'intérêt
et de calculs faits au jour le jour. Il avait signé la paix,
telle quelle, pour sauver son trône ébranlé par la guerre
civile ; il se prépara à la violer, pour sauver son autorité
que la Ligue menaçait de faire passer entre d'autres mains.
Il résolut donc de convoquer les États généraux et d'y
prendre lui-même la direction du formidable mouvement
catholique. Il avait, du reste, promis la convocation par
la paix de Monsieur, et elle répondait au vœu général.

Les élections amenèrent la défaite complète des protestants et des politiques : sur certains points ils désertèrent
la lutte ; ailleurs ils furent vaincus. La Ligue triompha
partout. Aussi la lutte, dans cette session, ne fut-elle
pas entre deux factions religieuses, mais entre la passion
religieuse d'une part, l'esprit libéral et réformateur de
l'autre. Les deux inspirations se disputèrent le champ de
bataille pied à pied, avec une habileté remarquable des
deux côtés, et une entente très curieuse de la stratégie
parlementaire ; elles eurent toutes les deux leur journée de
victoire.

Contrairement à l'usage, ce fut le roi lui-même qui
ouvrit la session le 6 décembre 1576, par une harangue
qui fut unanimement applaudie. Ce roi indigne avait,
chose bizarre, l'instinct, sinon le respect de la dignité
royale, et savait mieux que personne tenir le langage d'un
souverain. Il adjura les députés, « toutes passions mises en
arrière », de rester unis entre eux et avec lui. Il voulait
assurer la prospérité générale, et promit « qu'à cette fin il
travaillerait jour et nuit, qu'il y emploierait tous ses sens,

---

[1] Augustin THIERRY, *Histoire du Tiers-État*, ch. **v.**

ses soins et ses labeurs, sans y épargner son sang, sa vie, s'il en était besoin ». Le Chancelier de Birague parla après lui. Dès le lendemain les trois ordres commencèrent à délibérer séparément.

Deux questions se posèrent d'abord aux Etats et primèrent les préoccupations de réforme : l'unité religieuse, les subsides. La première ne suscita pas de discussion dans les ordres privilégiés : la noblesse, le clergé surtout votèrent résolument la guerre contre les protestants. Mais dans le Tiers-Etat le débat fut passionné. L'avocat Jean Versoris, de Paris, proposa le rétablissement de l'unité religieuse « par les meilleures et plus saintes voies que le roi aviserait ». Une autre rédaction fut présentée par Jean Bodin : « L'union par voies douces et pacifiques et *sans guerre.* »

Bodin fut vaincu par Versoris, car le Tiers-Etat adhéra à la guerre. Mais il ne tarda pas à reprendre sa revanche sur le terrain financier. Jean Bodin, né à Angers, député du Vermandois, est un de nos premiers publicistes, un des précurseurs de Montesquieu dans l'étude raisonnée des conditions d'un gouvernement libre ; il venait de publier *les six livres de la République.* Son autorité était grande dans son ordre. Il y représentait avec talent la bourgeoisie libérale, celle qui mettait la résolution des questions religieuses au second plan, et au premier la réalisation des réformes nécessaires. Par sa modération, son zèle pour le bien public, il continuait la tradition de Lhospital ; par l'habileté qu'il déploya, dans les négociations avec les autres ordres et la Cour, il se montra le véritable homme d'Etat du parti *politique.*

Sous sa direction, le Tiers-Etat refusa formellement, et à deux reprises, de voter des subsides pour la guerre (10 janvier, 2 février 1577).

La Cour espérait triompher de cette résistance par des demi-mesures, des systèmes compliqués qui répartissaient les charges de la guerre entre les trois ordres. Ce fut en vain. Le Tiers-Etat, fermement retranché derrière le mandat précis de ses députés, d'autant plus affermi dans sa résistance que l'effarement de ses adversaires devenait plus visible, soutenu par Bodin qui, disait Henri III, « maniait l'assemblée à son plaisir », rejeta tout : taxe unique substituée à tous les impôts existants, subvention par feux, aliénation du domaine, etc. ; et, par *neuf refus successifs,* attesta sa volonté d'obtenir des réformes avant d'accorder des subsides.

L'embarras de la Cour était extrême **au** moment où l'assemblée se sépara (mars 1577). Les Etats avaient voté la guerre et avaient refusé les moyens de la faire.

L'œuvre politique de cette assemblée occupe une place à part dans l'histoire parlementaire de la France. Jamais l'attitude du Tiers-Etat n'a été plus significative. Inaccessible aux influences, aux tentatives de corruptions, aux menaces, il soutient jusqu'au bout son droit de voter l'impôt, cette base solide de la souveraineté **na-** tionale.

Cette revendication du droit des Etats se trouve encore affirmée dans un article très important du cahier du Tiers-Etat : « Ce qui sera ordonné *suivant l'avis des Etats sera inviolablement observé,* sans être sujet à retranchements ou limitation quelconque. » Et le recueil des pièces de Guillaume Taix nous apprend que dans la discussion de cet article on avait distingué deux sortes de lois : celles *du Roi,* qui pouvaient être modifiées par les Cours souveraines, ou révoquées par le roi ; et celles *du royaume* qui, faites « du consentement des trois Etats », ne pouvaient être changées qu'avec leur assentiment. C'est l'affirmation du *pouvoir constituant* de la nation.

Au milieu de ces débats politiques si vifs et si hardis, les Etats ne négligèrent pas l'œuvre de réforme. Leurs cahiers, presque aussi étendus que ceux de 1560, signalent des mêmes maux et proposent à peu près les mêmes remèdes : réforme ecclésiastique, financière, judiciaire, législative, municipale. L'ordonnance de Blois, publiée en 1579, donna, en partie, satisfaction à ces réclamations.

III. — Nouveaux Etats de Blois (1588).

Lorsque douze ans plus tard de nouveaux députés se réunirent dans cette même ville de Blois, la situation était composée des mêmes éléments, le drame politique des mêmes personnages, mais avec un tel caractère de gravité, qu'une révolution paraissait en être le seul dénouement possible.

D'une part, la Ligue avait fait depuis 1584 d'immenses progrès. Elle n'avait guère compté jusque-là, dans ses rangs, que des ambitieux et des fanatiques; mais lorsque le duc d'Anjou, quatrième fils de Henri II, mourut, lorsqu'on put prévoir l'extinction prochaine de la race des Valois, avec Henri III, et l'avènement, en vertu des lois fondamentales du royaume, du chef des Huguenots, Henri de Navarre, la France catholique tout entière s'émut, et se pressa avec inquiétude autour des chefs ligueurs. Henri le Balafré devint en quelques mois l'espoir et l'idole de l'immense majorité des Français; la Journée des Barricades (mai 1588) exalta son ambition, en même temps qu'elle mettait sa popularité en pleine lumière.

D'un autre côté, le parti huguenot était organisé pour la lutte sous un chef qui venait de révéler ses talents politiques et militaires, sous Henri de Navarre, le vainqueur de Coutras (1587).

Henri III, fidèle disciple de la politique de sa mère, avait louvoyé le plus longtemps possible entre ces deux partis, entre ces deux hommes. Il avait même essayé de les ruiner l'un par l'autre. Mais les événements tournèrent contre ses calculs machiavéliques. Henri de Navarre, vainqueur à Coutras, Henri de Guise à Vimory et à Auneau, Henri de Valois se trouva le seul vaincu dans cette guerre

des trois Henris; et le roi de France dut, après la Journée
des Barricades, s'enfuir devant « le roi de Paris ».

En s'évadant de sa capitale, il avait sauvé sa personne,
non son autorité. Pris entre deux ennemis, les protestants

Jean Bodin, député du Tiers-Etat aux Etats généraux de 1576
(collection Fontette).

maîtres du midi, la Ligue triomphante à Paris, il songea
aux Etats généraux comme à une suprême ressource. Le
moyen ne manquait pas d'habileté; la convocation promise
lui permettait d'ajourner toute réponse aux sommations de
ses ennemis, d'attendre, de préparer une solution.

Mais les élections furent un nouveau triomphe pour la

Ligue. Les comités ligueurs avaient donné partout un mot d'ordre, mis le clergé en campagne, et assuré l'élection des plus fougueux adversaires du protestantisme. L'assemblée, issue de ces élections, était la représentation d'une faction plutôt que celle de la patrie. L'esprit libéral et réformateur était cependant représenté dans ces Etats : mais, à l'inverse de ce qui s'était passé en 1576, les passions religieuses prirent le pas sur le souci des intérêts publics. Les trois ordres, à peine réunis, choisirent pour présidents : le clergé, les cardinaux de Bourbon et de Guise; la noblesse, le comte de Brissac et le baron de Magnac; le Tiers, la Chapelle-Marteau, prévôt des marchands de Paris, tous ligueurs déterminés. La volonté de Guise animait cette assemblée.

Le roi n'essaya pas de lutter de front contre cette puissance formidable : il mit toute sa dignité à ne reculer que pied à pied, toute son habileté à retarder de quelques jours chaque victoire d'un parti impatient et hautain. Lorsqu'il eut ouvert la session (16 octobre 1588) par un discours où la caresse et la menace se trouvaient ingénieusement mêlées, les Guises le prièrent de modifier quelques phrases qui les avaient blessés : le roi céda. Quand il parla d'envoyer une ambassade à Henri de Navarre, pour lui adresser une dernière sommation avant de prononcer sa déchéance, les Etats refusèrent, à l'unanimité, de tenter ce dernier accommodement; le roi céda encore. Quand il s'agit de faire renouveler solennellement, par tous les députés, le serment d'adhésion à l'Union, Henri demanda qu'on jurât en même temps fidélité *aux lois fondamentales* du royaume; mais les Etats le forcèrent à dissiper le vague dont il enveloppait à dessein cette expression, en expliquant que les *lois fondamentales* étaient celles qui résultaient du consentement des trois ordres, c'est-à-dire des lois votées par les Etats. Le roi fit cette troisième concession. Enfin, au moment où il demandait avec une humble insistance les subsides nécessaires pour exterminer l'hérésie et pour châtier une agression du duc de Savoie contre Saluces, les Etats, fidèles à la tradition de 1576, réclamèrent avant tout la diminution des tailles et l'institution d'une chambre de justice pour punir toutes les malversations. Vainement, le roi, tour à tour éploré, impérieux, insinuant, négocia avec les trois ordres, manda auprès de lui les députés les plus influents du Tiers, Etienne Bernard et Coussin, essaya d'exercer sur eux toutes ses séductions. Il dut se résigner à céder pour la quatrième fois. « Il cédait sans fin, se réservant le dernier recours des lâches, la trahison et l'assassinat [1]. »

Enfin, il se décida à se venger de ce qu'il appelait la trahison de Guise. Le fils de Catherine de Médicis ne devait, pas plus que sa mère, reculer devant un crime pour garder le pouvoir ; elle avait essayé de décimer le parti huguenot par la Saint-Barthélemy ; il allait tenter de décapiter la Ligue.

Tout fut préparé avec un art raffiné. Le 23 novembre au matin, Guise fut mandé au château pour assister au Conseil. Les avertissements ne lui avaient pas manqué ; il les méprisa : « On n'oserait », dit-il, en froissant un billet révélateur, au moment même où il franchissait pour la dernière fois le seuil du château. Le Conseil avait à peine pris séance lorsqu'on vint dire au duc que le roi l'attendait. Il allait entrer dans la chambre de Henri III, et il soulevait la tapisserie qui l'en séparait, quand six gentilshommes, de la garde des Quarante cinq, se jetèrent sur lui et le criblèrent de coups de dague et de poignard. « Il n'eut loisir que de dire : « Mon Dieu, ayez pitié de moi », et il alla tomber au pied du lit du roi où, sans parler, il rendit les derniers soupirs et les sanglots de la mort. » Au cri qu'il avait poussé, le cardinal de Lorraine, dans la salle du Conseil, s'était levé : « On tue mon frère ! » dit-il ; à l'instant même le maréchal d'Aumont mettait la main sur

[1] Aug. THIERRY, *Histoire du Tiers-Etat*, ch. VI.

lui et le conduisait dans une chambre haute du château où, le lendemain, quatre soldats le tuèrent à coups de hallebardes. Pierre d'Espinac, archevêque de Lyon, ami dévoué des Guises, avait été arrêté avec le cardinal, mais il fut épargné.

A l'heure même où le Balafré expirait dans l'antichambre royale, le grand prévôt, à la tête d'une foule de soldats armés, sortit du château et cerna la salle dans laquelle délibérait le Tiers-Etat. Il y entra l'épée nue, et arrêta, sous prétexte d'un complot contre la vie du roi, les meneurs de la Ligue, la Chapelle-Marteau, Neuilly, Orléans et Compans. C'étaient des otages. Les députés, qui apprirent un moment après le crime du château, durent contenir leur douleur et leur colère, pour ne pas compromettre la vie des quatre prisonniers. Ce guet-apens était vraiment l'œuvre d'un maitre.

Dès lors, on le comprend, la session languit. Le temps n'était plus aux discussions ni aux tentatives d'accommodement. Dans une séance royale (3 janvier 1589), Henri se justifia par une allusion hautaine du double meurtre qu'il avait ordonné. De leur côté, les députés, à la fois exaspérés et terrifiés, se renfermèrent dans une résistance passive aux exigences royales. Dans la séance de clôture (15 janvier), Etienne Bernard (auteur du journal des Etats), le représentant le plus remarquable des idées de réformes, s'éleva avec courage contre les abus. Mais l'esprit des députés n'était plus à Blois : il était à Paris, où la nouvelle de l'assasinat avait produit une explosion de fureur. Quand les trois ordres obtinrent la permission de se séparer, ils avaient hâte d'aller crier vengeance contre l'assassin.

Les cahiers de cette session sont plus courts et moins complets que ceux des sessions précédentes. Cela s'explique par les tragiques circonstances au milieu desquelles ils furent rédigés.

Six mois plus tard, Henri III tombait à Saint-Cloud sous les coups d'un moine assassin, vengeur du duc de Guise.

IV. — Etats de la Ligue (1593).

Jamais peut-être, si l'on en excepte la honteuse date de 1420, les Etats généraux ne s'étaient réunis dans des circonstances aussi douloureuses, dans une situation aussi désespérée qu'en 1593. Le pays déchiré par les passions religieuses et partagé en deux factions qui semblaient irréconciliables ; l'unité nationale brisée par les grands qui de-

Pierre d'Espinac, archevêque de Lyon, député du clergé aux Etats de 1576 et de 1588, d'après Léonard Gautier.

venaient souverains des provinces, à la faveur des troubles, et recommençaient la féodalité ; enfin l'étranger au cœur de la France, une garnison espagnole dans Paris, le redoutable Philippe II guettant notre patrie comme une proie assurée ; tels étaient les maux auxquels les Etats de 1593, assemblée d'un parti plutôt que de la nation, ne surent pas porter remède.

Il s'agissait de pourvoir à la vacance du trône. A la mort de Henri III, la Ligue avait donné la couronne au vieux cardinal de Bourbon : ce fantôme de roi mourut en 1590, prisonnier de son neveu Henri IV. Si la Ligue avait eu alors pour chef le Balafré, une dynastie nouvelle, celle des Guises, aurait probablement fait son apparition dans l'histoire. Mais Mayenne qui lui avait succédé n'avait ni ses talents, ni ses séductions : c'était un général circonspect, un ambitieux timide, un chef peu populaire et suspect à la multitude. Au fond ce chef des ligueurs était presque un *politique*.

Il venait cependant de montrer de l'énergie contre les chefs des Seize, le parti le plus violent de la Ligue. Il avait fait exécuter sommairement quatre des plus furieux. Mais il était moins facile d'avoir raison de l'allié de cette démagogie ligueuse, de Philippe II. Le roi d'Espagne avait deux fois envoyé son meilleur capitaine, Farnèse, au secours du parti catholique, pendant le siège de Paris (1590) et celui de ·Rouen (1592) ; et deux fois, il avait exigé en retour la reconnaissance des droits de sa fille, Isabelle-Claire-Eugénie, petite-fille du roi français Henri II, au trône de France. L'échéance de cette triste dette était arrivée, et le créancier se montrait pressant.

Il semble que ces déplorables Etats se soient réunis à regret. Les élections commencées en 1591 furent complétées en 1592 ; les députés se réunirent le 26 janvier 1593.

Rien de plus confus que les sentiments qui les agitaient : passions religieuses encore violentes, profonde lassitude, un reste d'exaltation, une sorte de honte, et chez beaucoup la secrète espérance d'un dénouement incertain, mais non imprévu. Le clergé était en grande partie ligueur, la noblesse à peine représentée, le Tiers-Etat très partagé et comptait dans son sein beaucoup de politiques avoués ou non. Rien de moins général, en outre, que ces Etats généraux : au début soixante députés, dont le nombre s'éleva peu à peu à cent cinquante, et qui étaient loin de représenter toutes les parties de la France.

On ne fit rien d'important avant l'arrivée de l'ambassadeur espagnol, le duc de Feria. Reçu en séance générale par les Etats, il se montra solennel, altier, maladroit. Il énuméra pompeusement les services rendus par son maître, sans faire grâce d'un homme ou d'un écu ; il en promit d'autres, sous une condition que l'on devinait ; il sembla en un mot présenter la carte à payer pour le passé, et réclamer des avances pour l'avenir (2 avril).

L'effet fut plus désastreux encore lorsque, le 29 mai, il fit exposer les droits d'Isabelle-Claire-Eugénie par le docteur Inigo Mendoza, dans un interminable factum latin. Au lieu d'une réponse, les Etats lui firent une question : quel époux Philippe II donnerait-il à sa fille ? On attendait le nom du jeune Guise, récemment échappé de sa captivité à Tours. L'Espagnol répondit le 12 juin. L'époux de la fille du roi serait un archiduc d'Autriche, et on priait les Etats d'élire ce prince pour roi !

Quand les Etats eurent à délibérer sur cette étrange proposition, il se produisit une éclatante manifestation. Le 20 juin, Du Vair, conseiller au Parlement de Paris, déclara au nom des députés de l'Ile-de-France, qu'il n'avait pas les pouvoirs suffisants pour voter sur cette question, et, à leur tête, quitta la salle des séances.

Les Etats cependant, divisés, indécis, travaillés par les intrigues de Mayenne et l'or de l'Espagne, hésitaient, contrairement à toutes leurs traditions, à prendre une mesure vraiment nationale. L'initiative vint d'ailleurs. Ce fut le Parlement qui s'inspira des principes abandonnés par les trois ordres. Depuis six mois, il avait souvent été question de la loi salique, les Espagnols la combattant, les députés n'osant la défendre. Des magistrats patriotes se saisirent de cette arme. Du Vair, Marilhac, Pithou, Lefebvre provoquèrent une assemblée générale du Parlement, le 28 juin. Le discours que du Vair y prononça est un des beaux monuments de notre éloquence politique. « Réveillez-vous donc, Messieurs, disait-il en concluant, et déployez aujourd'hui l'autorité des lois dont vous êtes gardiens. » Les magistrats répondirent à cet appel en déclarant que « tout traité fait ou à faire pour l'établissement de princes ou de princesses étrangers, serait de nul effet et valeur, comme fait au préjudice de *la loi salique et autres lois fondamentales du royaume* ».

Ce fut comme si la France elle-même venait d'élever la voix. A la présentation de cet arrêt, Mayenne se troubla, les Etats en demeurèrent frappés de stupeur. L'opinion publique d'ailleurs commençait à se manifester hautement : le peuple parisien escortait, en criant *la paix,* les délégués des Etats qui allaient à Suresnes tenter sans succès un accommodement avec Henri IV. L'esprit français se mettait aussi de la partie : la *satire Ménippée* était composée à ce moment même. Le patriotisme et le bon sens reprenaient en même temps leurs droits. L'Espagne avait tué la ligue dans l'âme même des ligueurs.

Enfin l'habileté d'Henri IV acheva ce qu'avaient commencé l'irrésolution des Etats, la maladresse des Espagnols, le courage du Parlement. Le 25 juillet il abjura dans l'église de Saint-Denis. Puis après, les Etats se séparèrent ou plutôt se dispersèrent, s'évanouirent.

V. — Assemblée des notables de Rouen (1596).

Lorsque Henri IV eut sauvé la France des périls les plus pressants, et commencé, avec le concours de son dévoué Sully, l'œuvre de réorganisation, il songea à y associer le pays. Mais il n'osa convoquer des Etats généraux : « Les cœurs des peuples, dit d'Aubigné, n'étaient pas encore assez ployés à l'obéissance. » Il résolut de faire seulement appel à l'expérience de quelques hommes politiques des trois ordres. Ces *notables* furent, contrairement à l'usage, pour la plupart *élus* par les compagnies auxquelles ils appartenaient ; quelques-uns seulement désignés par le roi. Ils se réunirent à Rouen, le 4 novembre 1596.

Le roi ouvrit l'assemblée par le discours le plus touchant et le plus habile tout ensemble qui ait jamais été prononcé au début d'une session parlementaire.

« Si je voulais, dit-il, acquérir le renom d'orateur, j'aurais appris quelque belle et longue harangue, et je vous la prononcerais avec assez de gravité. Mais, Messieurs, mon

Pierre Pithou, conseiller au Parlement, un des auteurs de la *Satire Ménippée* et du projet d'arrêt relatif à la loi salique, d'après Léonard Gautier.

désir me pousse à deux plus glorieux titres, qui sont de m'appeler libérateur et restaurateur de cet Etat. Pour à quoi parvenir, je vous ai assemblés.... je ne vous ai point appelés, comme faisaient mes prédécesseurs, pour vous faire approuver mes volontés. Je vous ai assemblés pour recevoir vos conseils, pour les croire, pour les suivre, bref, pour me mettre en tutelle dans vos mains, envie qui ne prend guère aux rois, aux barbes grises, aux victorieux. Mais la violente amour que je porte à mes sujets et l'extrême envie que j'ai d'ajouter ces deux beaux titres à celui de roi me font trouver tout aisé et honorable. Mon chancelier vous fera entendre plus amplement ma volonté. »

L'œuvre des notables de Rouen est plus considérable qu'on ne le dit ordinairement : elle comprend deux parties d'inégale valeur [1]. L'*avis au roi* est un véritable cahier de doléances, qui n'est pas indigne de ses aînés, et dans lequel Henri IV et Sully ont dû puiser largement. Quant au *Conseil de raison,* sorte de délégation permanente des notables, chargée de percevoir l'impôt et de l'affecter à certains besoins déterminés, c'était une institution mal venue, qui prit fin après quelques mois de débats stériles et de tiraillements.

Heureusement le roi et les ministres étaient eux-mêmes, par une exception assez rare dans notre histoire, les vrais représentants du pays, de ses intérêts, de ses sentiments.

---

[1] V. Picot, *Histoire des Etats généraux,* t. III, p. 269.

CHAPITRE VII

LES ÉTATS GÉNÉRAUX ET LES ASSEMBLÉES DE NOTABLES DU RÈGNE DE LOUIS XIII

I. — LES ÉTATS GÉNÉRAUX DE 1614.

Les Etats généraux de 1614 furent les derniers convoqués avant ceux de 1789. Ce qui tint la plus large place dans leurs débats, ce furent les querelles entre les trois ordres, querelles si vives et si persistantes qu'elles rendirent l'assemblée impuissante contre les abus du gouvernement et la laissèrent désarmée contre les intrigues de la Cour. Au XVIᵉ siècle, le Tiers-Etat avait lutté surtout contre l'arbitraire monarchique et le désordre financier. En 1614, il épuisa toutes ses forces contre les privilèges et les prétentions de la noblesse et du clergé. En 1789 il s'attaquera à la fois à l'arbitraire et au privilège, mais avec une énergie, des lumières et des ressources bien supérieures.

On verra d'ailleurs que le dessein général et les phases principales de la session de 1614 ne sont pas sans analogie avec les premiers débats de la grande assemblée qui inaugura la révolution. Ce sont les mêmes passions, les mêmes conflits. Mais au début du XVIIᵉ siècle les députés n'avaient ni cette foi en eux-mêmes, ni cette confiance dans la nation qui firent la force de leurs glorieux successeurs. Les Etats de 1614, tels que nous les montre la Relation très complète de Florimont de Rapine, ne furent que l'ébauche inexpérimentée et inachevée d'une révolution.

Quatre années avaient suffi à Marie de Médicis et à son favori italien Concini pour annuler au dedans et au dehors les résultats du règne de Henri IV. A l'intérieur, les conseillers du bon roi, Sully et les autres *barbons* avaient été écartés du pouvoir, l'épargne de la Bastille dilapidée ; à l'extérieur on avait abandonné la politique nationale, et un double projet de mariage, formé en 1612, devait unir la France à sa vieille ennemie, l'Espagne. Ces fautes et beaucoup d'autres servirent de prétextes à quelques grands seigneurs qui pensèrent avoir facilement raison d'un gouvernement impuissant et impopulaire. Condé, Vendôme, Mayenne, Longueville, Guise, Nevers, Bouillon, médiocres héritiers des grands noms de l'époque de la ligue, prirent les armes contre la régente et Concini. Cette coalition d'intérêts égoïstes ayant pris pour enseigne le bien public, les princes mirent au premier rang de leurs réclamations la convocation des Etats généraux. Ils y tenaient si peu du reste que lorsqu'ils eurent reçu par le traité de Sainte-Ménehould toutes les satisfactions désirables, cadeaux, pensions et gouvernements ils firent secrètement savoir à la reine qu'ils verraient sans déplaisir l'ajournement de la convocation. Mais Marie de Médicis ne voulut fournir aucun prétexte à une nouvelle rébellion, et la convocation fut faite.

On avait décidé d'abord que les Etats se tiendraient à Sens. Mais après le traité de Sainte-Ménehould (15 mai 1614) le pouvoir royal s'était singulièrement raffermi ; l'opinion se prononçait en faveur du fils d'Henri IV avec une grande vivacité, particulièrement à Paris. Il fut donc décidé que la réunion des Etats se ferait à Paris. La régente y préluda habilement par la déclaration de majorité de Louis XIII (2 octobre 1614). Sa situation était ainsi plus forte et son autorité inattaquable.

Le 14 octobre, les députés des trois ordres commencèrent à se réunir au couvent des Augustins. Ils étaient au nombre de 464, 140 pour le clergé, 132 pour la noblesse et 192 pour le Tiers-Etat. Le clergé comptait dans ses rangs quelques hommes remarquables, entre autres l'évêque de Belley, Camus, ami de saint François de Sales, le cardinal du Perron, le cardinal de Joyeuse, et un jeune prélat, dont on connaissait déjà le talent, dont on pouvait soupçonner l'ambition, mais dont nul ne devinait le génie, Armand Duplessis de Richelieu, évêque de Luçon. Parmi les représentants du Tiers, il faut citer Robert Miron, prévôt des marchands de Paris, Henri de Mesmes, lieutenant civil de la prévôté de Paris, et maître Jean Savaron, « lieutenant général en la sénéchaussée et siège présidial de Clermont ». Un fait digne d'attention, c'est que cette députation du Tiers-Etat était en grande partie composée d'officiers de justice ou de finances, des magistrats des parlements ou des présidiaux ; on en compte 156 sur 192 ; « plusieurs autres sont avocats, deux ou trois sont qualifiés de bourgeois ; il n'y a pas plus de 15 ou 16 maires ou échevins ; 76 seulement paraissent appartenir à la pure roture, et sont dénués de toute qualité nobiliaire [1]. » Cette prépondérance du corps judiciaire indique assez quels progrès avait fait la noblesse de robe ; elle explique à la fois l'irritation jalouse de la noblesse de cour, et les prétentions fort nouvelles des députés du Tiers à une sorte d'égalité que l'ancienne bourgeoisie n'eût jamais réclamée. C'est le secret des querelles qui éclatèrent au cours de la session.

Pendant une semaine les trois ordres procédèrent au choix de leurs bureaux. Le clergé élut pour président le cardinal de Joyeuse, la noblesse, le baron de Sénecey, de la maison de Beauffrémont, le Tiers, Robert Miron. Puis les trois ordres s'entre-visitèrent avec force compliments, suivant un cérémonial réglé minutieusement et non sans difficultés.

---

[1] G. D'AVENEL, *Richelieu et la monarchie absolue.*

La séance royale eut lieu le 27 octobre. Dès cette pre-mière journée, en 1614, comme en 1789, certaines dis-tinctions blessantes irritèrent le Tiers-Etat. En lui adres-sant la parole, le chancelier Sillery ne se découvrit pas ; seul l'orateur du Tiers-Etat parla à genoux au roi ; enfin l'orateur de la noblesse, le baron du Pont-Saint-Pierre, dans sa harangue, ouvrit les hostilités contre l'ordre ju-diciaire : « Elle reprendra sa splendeur, dit-il, cette no-blesse maintenant tant abaissée par quelques-uns de l'ordre inférieur, *sous prétexte de quelques charges...* le roi reconnaîtra quelle différence il y a entre les deux ordres. »

Les députés de la bourgeoisie ne tardèrent pas à ré-pondre à cette déclaration menaçante par un vote qui tra-hissait leur irritation. Le clergé, dès le commencement de novembre, proposa aux deux ordres laïques, d'extraire des cahiers un certain nombres d'articles généraux, résu-mant les vœux de la nation tout entière, sans distinction de classes ; on les aurait discutés, et présentés au roi dès le début de la session, c'est-à-dire en temps utile, pour obtenir une solution avant la clôture. La reine aurait hésité en effet à rejeter ou même à ajourner les demandes présentées d'un commun accord par l'assemblée tout en-tière. Cette proposition, conçue dans un esprit très poli-tique, provoqua dans le Tiers-Etat des discussions ora-geuses. La majorité s'irritait à la seule idée de s'associer aux ordres privilégiés. Marie de Médicis avertie, agit très habilement ; elle manda les présidents des trois ordres, se plaignit de la nouveauté de ce procédé, du peu de con-fiance qu'il semblait indiquer, et promit « que le roi ferait voir qu'il était décidé à répondre favorablement aux do-léances ». Le Tiers-Etat crut à ces promesses ; le clergé dut renoncer à son projet. Désormais la Cour allait avoir en face d'elle une assemblée divisée, dont il lui serait facile d'avoir raison.

La querelle que tout faisait prévoir entre la noblesse et

le Tiers éclata presque aussitôt. Ce fut la noblesse qui prit l'offensive en proposant la *surséance* immédiate et la suppression prochaine du *droit annuel*. On sait que la vénalité des offices de judicature depuis longtemps tolérée comme un abus nécessaire et exploité comme une ressource par la royauté, avait reçu sous Henri IV, une consécration officielle, par la création d'un impôt qui faisait de chaque charge une véritable propriété ; le bail de cet impôt (ou droit annuel), affermé pour la première fois au financier Paulet (de là le nom de *Paulette*), allait expirer. En demandant qu'il ne fût pas renouvelé la noblesse portait un coup direct aux officiers de justice qui formaient la majorité de la représentation bourgeoise. Le coup était habile aussi, car si le Tiers-Etat refusait d'y adhérer, il serait facile de l'accuser de sacrifier l'intérêt public et la justice à des sentiments égoïstes. (15 novembre.)

Un peu étourdi du coup, le Tiers-Etat riposta cependant d'une façon ingénieuse et hardie. Il prit résolument son parti ; il adhéra, quoiqu'il pût lui en coûter, à la proposition ; il l'élargit même en demandant, comme non conséquence logique, la suppression de la vénalité ; mais il montra que pour compenser les 1,600,000 livres du droit annuel, et pour alléger en même temps le fardeau écrasant des taxes, il fallait surseoir au paiement des pensions. Elles s'élevaient au chiffre de 5,500,000 livres ; et l'on sait avec quelle avidité scandaleuse les grands, depuis quatre ans, s'en étaient fait pourvoir. Sacrifice pour sacrifice !

La noblesse se sentit touchée à son tour, et demanda la disjonction des propositions. Cette demande, appuyée par le clergé, fut nettement rejetée par le Tiers-Etat, qui chargea un de ses députés, Savaron, de soutenir la triple proposition devant les deux ordres privilégiés et devant le roi.

Jean Savaron était un homme de savoir [1], de talent et

---

[1] Ses deux principaux ouvrages sont : la *Chronologie des Etat généraux*, et les *Origines de Clermont*.

de caractère ; c'était le type accompli de cette classe des *légistes,* à laquelle la bourgeoisie semblait avoir remis tous ses intérêts. Il sut parler le langage qui convenait à chaque situation. Devant le clergé il s'exprima avec onction. On songe en lisant sa harangue, à Mirabeau invitant l'ordre ecclésiastique à la conciliation, « au nom d'un Dieu de paix ». Son attitude devant la noblesse fut fière et quelque peu menaçante : « Rentrez, Messieurs, s'écria-t-il, au mérite de vos prédécesseurs, et les portes vous seront ouvertes aux honneurs et aux charges ». Au Louvre, « il fut, devant la royauté, dit Augustin Thierry, l'avocat ému et courageux du pauvre peuple ». — « Que diriez-vous, Sire, si vous aviez vu, dans votre pays de Guyenne et d'Auvergne, les hommes paître l'herbe à la manière des bêtes ! Cette nouveauté et misère inouïe en votre état, ne produirait-elle pas dans votre âme royale un désir digne de Votre Majesté, pour subvenir à une calamité si grande ? Et cependant, cela est tellement véritable que je confisque à Votre Majesté mon bien et mes offices, si je suis convaincu de mensonge. »

Les discours de Savaron provoquèrent parmi les gentilshommes une vive irritation ; ils résolurent d'en porter plainte devant le roi. Le clergé, fidèle à son rôle de conciliateur, offrit son accommodement ; le jeune évêque de Luçon fut chargé du rôle délicat de médiateur. Ce fut donc devant Richelieu que Savaron vint expliquer ses paroles ; il le fit avec aisance et dignité ; il déclara « que de fait, de volonté, ni de paroles, il n'avait offensé messieurs de la noblesse », ajoutant « qu'avant de servir le roi dans ses cours de justice, il avait porté cinq ans les armes, de manière qu'il avait le moyen de répondre à tout le monde en l'une et l'autre manière ». Le Tiers-État fit cependant une concession aux susceptibilités de la noblesse en chargeant un autre orateur, le lieutenant civil de Mesme, de lui porter ses explications. Mais le discours véhément du lieutenant civil ne fit guère qu'envenimer la querelle. Il dit que « la France était la mère commune des trois ordres, que l'Eglise était l'aînée, la Noblesse puinée et le Tiers-Etat le cadet ; mais qu'il se rencontrait quelquefois aux familles que les derniers relevaient les maisons que les aînés avaient ruinées. »

Jean Savaron, député du Tiers-État aux États généraux de 1614
(collection Fontette).

Cette comparaison provoqua dans la chambre de la noblesse une explosion de colère. L'affaire fut alors portée devant le roi, et le baron de Sénecey, orateur des nobles, répondit par des outrages aux fières paroles du lieutenant civil. Rappelant ses paroles, il s'écria : « En quelle misérable condition sommes-nous tombés si cette parole est véritable?... Et non contents de *se dire nes frères,* ils s'attribuent la restauration de l'Etat, à quoi comme la France sait assez qu'ils n'ont aucunement participé, aussi chacun connaît qu'ils ne peuvent en aucune façon se comparer à nous, et serait insupportable une entreprise aussi mal fondée. » Et les gentilshommes qui accompagnaient le fougueux orateur commentaient son discours en disant très haut « qu'ils ne voulaient pas que des enfants de cordonniers et de savetiers les appelassent frères, et qu'il y avait autant de différence entre eux et le Tiers qu'entre le maître et le valet ».

Le conflit prit fin cependant, par un commandement du roi, après une nouvelle démarche du clergé, et sur quelques explications fournies par le Tiers. Mais l'hostilité persista et deux incidents faillirent encore interrompre la suite régulière des discussions en remettant aux prises ces deux frères ennemis : une insulte faite au parlement par l'arrogant duc d'Epernon, et un coup de bâton donné par un député de la noblesse à un député du Tiers qui avait négligé de le saluer.

Le plus grave inconvénient de ces récriminations réciproques était d'affaiblir l'autorité des Etats vis-à-vis d'un gouvernement qui ne songeait qu'à l'annuler. On le vit bien par le résultat de la triple proposition du Tiers-Etat. Au plus fort de la querelle entre les deux ordres, le roi fit à cette proposition une réponse provisoire et illusoire : surséance (et non suppression) du droit annuel, promesse de retrancher un quart des pensions, rien sur l'abolition de la vénalité des charges ; pour la réduction de la taille une fin de non-recevoir.

Le conflit entre la noblesse et le Tiers était à peine terminé, qu'un nouveau conflit éclata, entre le Tiers et le clergé, moins violent dans la forme. mais au fond plus grave ; car il portait sur une des doctrines fondamentales du Tiers-Etat, et il touchait à une blessure qui saignait encore.

En procédant à la réduction des douze cahiers provinciaux, pour former un cahier général, le Tiers prit pour article premier le vœu par lequel s'ouvrait le cahier de Paris et de l'Ile-de-France... « Soit inviolable et notoire à tous que, comme le roi est reconnu souverain dans son royaume, ne tenant sa couronne que de Dieu seul, il n'y a puissance en terre, quelle qu'elle soit spirituelle ni temporelle, qui ait aucun droit sur son royaume, pour en priver les personnes sacrées de nos rois, ni dispenser ou absoudre leurs sujets de la fidélité et obéissance qu'ils lui doivent. Tous les sujets, de quelque qualité ou condition qu'ils soient, tiendront cette loi pour sainte et véritable, comme conforme à la parole de Dieu, *sans distinction, équivoque ou limitation quelconque,* laquelle sera jurée et signée par tous les députés du royaume, et dorénavant par tous les bénéfices et officiers du royaume... Tous les précepteurs, régents, docteurs et prédicateurs du royaume seront tenus de l'enseigner et publier. »

En lisant cet article on est frappé d'abord de sa conformité avec la première déclaration faite par le Tiers-Etat dans la première session des Etats généraux (v. chap. I) ou du moins avec la doctrine acceptée alors par les représentants des bonnes villes, et confirmée depuis 1302, en maintes circonstances, par les élus de la bourgeoisie. On peut affirmer que les députés de 1614 ne faisaient que formuler à nouveau le premier article du *credo* politique de leurs devanciers, l'indépendance du pouvoir civil à l'égard du pouvoir religieux. La forme de l'article, qui, pris au pied de la lettre, semble un acte d'adoration devant le pouvoir absolu, ne saurait nous faire illusion : la proposition était « profondément nationale, sous une couleur monarchique [1] ».

Mais jamais ce principe « national » n'avait été affirmé avec autant d'insistance, avec autant de force. Pour com-

---

[1] Aug. Thierry, *Histoire du Tiers-Etat*, ch. vii.

prendre les colères qu'un tel débat ranimait, les douleurs qu'il ravivait, il faut songer que les hommes de 1614 avaient grandi pendant l'effroyable désordre des guerres de religion, qu'ils avaient entendu prêcher le régicide, qu'ils avaient vu les processions burlesques et sinistres de la L gue, le « Carillon » des *Seize,* la garnison espagnole dans Paris, le légat arbitre des destinées de la France ; qu'ils avaient enfin cruellement souffert de la funeste confusion du spirituel et du temporel. Henri IV avait rétabli l'ordre, chassé l'étranger, rendu la raison aux esprits et la patrie à elle-même ; et après quelques années d'une domination restée chère au pays, il était tombé victime des passions que l'on croyait éteintes. Le mystère qui entourait ce crime n'avait pas été dissipé par le procès précipité de l'assassin. On s'obstinait à chercher à Ravaillac des complices puissants, des inspirateurs dont on disait tout bas les noms. Depuis sa mort, sa politique avait été bouleversée, ses ennemis étaient devenus nos alliés. Madrid et Rome avaient leur part d'influence dans les conseils du gouvernement. Le pape, l'Espagne, le haut clergé, les ordres religieux, en un mot l'ultramontanisme, reprenaient le terrain perdu. Le crime de 1610 semblait avoir été la revanche de la Ligue.

De là l'ardeur que le Tiers-Etat apportait dans sa déclaration de foi monarchique, l'insistance avec laquelle il mettait l'indépendance et la sécurité de la Couronne, à l'abri de toute « *distinction, équivoque ou limitation* », de la part des « précepteurs, régents, docteurs ou prédicateurs ».

En apprenant le vote de la déclaration, le clergé prit l'alarme et demanda communication de l'article (15 décembre). Il dut envoyer deux députations avant de l'obtenir (23 décembre). Le 31 décembre, le cardinal du Perron, suivi de quarante prélats et de douze gentilshommes, vint apporter au Tiers la réponse de son ordre. La réponse était habile et subtile. Le cardinal distinguait dans la déclaration trois points. Le premier, « qu'il n'est pas permis de tuer les rois, étant admis, comme article de foi par l'Eglise qui prononçait anathème contre ceux qui tenaient le contraire. » Le second, que nos rois étaient souverains de toute sorte de souveraineté temporelle, doctrine tenue aussi pour indubitable, « bien qu'elle ne fût pas article de foi ». Le troisième, « qu'en aucun cas les sujets ne peuvent être déliés du serment de fidélité qu'ils doivent à leur prince ». Sur ce point l'Eglise faisait ses réserves (pour le cas d'hérésie notamment). Le cardinal concluait en proposant de substituer à la déclaration du Tiers, le renouvellement pur et simple de l'anathème porté par le concile de Constance contre ceux qui « se disent maîtres de la vie des rois ».

Le président du Tiers-Etat, Robert Miron, répondit aussitôt avec beaucoup de fermeté que le Tiers n'avait pas entendu proposer un article de foi, mais « un article d'Etat et de police », une *loi civile,* applicable non à toute la chrétienté, « mais aux pays de l'obéissance du roi ». Il refusa la transaction proposée par le clergé et revendiqua pour le troisième ordre « l'honneur de professer seul ce qu'il devait faire en compagnie ».

Le 5 janvier, le terrain de la lutte s'élargit encore. Le Parlement, faisant cause commune avec le Tiers-Etat, pour soutenir des principes sur lesquels il s'était toujours réglé, entra dans la mêlée, par un arrêt en faveur des « maximes de tout temps tenues en France et nées avec la couronne ». D'autre part, la noblesse, sur les instances de Richelieu, se joignit au clergé.

La Cour de son côté ne voyait pas sans inquiétude cette question passionner l'opinion. La reine usa ici encore des petites habiletés, des moyens dilatoires et des promesses vagues dont elle s'était servie pour terminer le premier conflit. Elle convoqua le 19 janvier les bureaux des trois ordres et leur déclara « que le roi regardait l'article comme présenté et reçu, qu'il en déciderait au contentement du Tiers-Etat ». En conséquence il n'était plus besoin « de le remettre au cahier ».

La décision royale provoqua encore au sein du Tiers des délibérations orageuses. Le 20 janvier, 120 députés de la bourgeoisie se prononcèrent pour le maintien de l'article au cahier. Si l'on eût voté par têtes, ou même par bailliages, c'eût été la majorité ; mais on vota par provinces ; la majorité ainsi formée était acquise à l'obéissance, et le président Miron se hâta d'aller annoncer ce résultat au Louvre, sans prendre même le temps de lever la séance.

Le lendemain toutefois la minorité prit sa revanche en faisant adopter une transaction bizarre. Il fut convenu qu'on laisserait en tête du cahier comme article premier, sous ce titre : *Des lois fondamentales du royaume,* une page en blanc avec cette note : « Le premier article extrait du procès-verbal de la chambre du Tiers-Etat a été présenté au roi par avance du présent cahier, le 15 janvier 1617, par le commandement de Sa Majesté, qui a promis d'y faire favorable réponse. »

Ces derniers débats avaient porté à son comble l'animosité réciproque des trois ordres, et provoqué dans le pays une vive émotion. Le Tiers était vaincu ; l'opinion publique attribua cette défaite aux privilégiés, et l'on répéta partout ce quatrain :

> O noblesse, ô clergé, les aînés de la France,
> Puisque l'honneur du roi si mal vous défendez,
> Puisque le Tiers-Etat à ce point vous devance,
> Il faut que vos cadets deviennent vos aînés.

Certes on ne peut blâmer le Tiers-Etat d'avoir soutenu avec vivacité, dans la première querelle, sa dignité méconnue, dans la seconde la tradition nationale menacée. Mais il faut convenir que, pendant trois mois, ces discussions passionnées avaient comme épuisé l'énergie des Etats, et que deux autres questions, d'une haute importance, furent sacrifiées à celles-là, la question financière et la politique extérieure.

Un instant les trois ordres se trouvèrent d'accord contre un ennemi commun, les gens de finance, les *traitants*. Forts de leurs unions, ils purent arracher à la cour la promesse d'établir une *Chambre de justice,* pour rechercher et punir ceux qui s'étaient enrichis aux dépens de l'Etat (20 décembre).

Mais quand le Tiers, poursuivant son avantage, voulut obtenir, en vue d'une diminution de la taille, la communication des Etats de finance pour l'année 1614 et les comptes de la régence, mal soutenu par la noblesse, abandonné par le clergé, il s'abandonna lui-même. Le président Jeannin, qui dirigeait les finances royales, ne communiqua aux députés que des états dérisoires, pleins de contradictions et de mensonge ; sur ses instances, les trois ordres consentirent à nommer chacun douze délégués pour examiner en conseil du roi les questions financières. Le Conseil n'eut pas de peine à épaissir encore, aux yeux de ces délégués, les ténèbres qui enveloppaient « le secret des finances », et aucune amélioration ne sortit de ces conférences.

Même absence d'entente, et même impuissance sur les questions de politique extérieure. La grave affaire des *mariages d'Espagne,* qui avait servi de prétexte au soulèvement de 1614, fut à peine agitée. Le clergé, qui voyait avec joie ce retour aux alliances catholiques, proposa de presser le roi d'accomplir au plus tôt son « sacré mariage ». La noblesse se rallia à cette proposition ; en présence de cette défection, le Tiers-Etat, si attaché qu'il fût aux traditions toutes contraires de la politique d'Henri IV, hésita, ajourna toute discussion, et se décida enfin à remercier la reine-mère d'avoir maintenu la paix « par des mariages et alliances » ; formule dont le principal défaut était de manquer de netteté et de franchise.

Au milieu de ces incidents et de ces démêlés, la rédac-

tion des cahiers avait été poursuivie avec plus de régularité et de rapidité qu'on ne serait tenté de le croire. Cette
rédaction fut, comme dans les sessions précédentes, la
meilleure part de l'œuvre des Etats, et comme toujours
aussi le cahier du Tiers est de beaucoup supérieur à ceux
des deux autres ordres. Depuis le XIVe siècle, c'est par la
bourgeoisie que s'élaborent les mesures d'ordre public et
de justice, les éléments d'un gouvernement régulier.

Le cahier du clergé n'est pas cependant sans mérite :
l'ordre ecclésiastique est acquis à certaines idées de progrès, et les lumières ne lui font pas défaut ; mais l'esprit
ultramontain, qui y domine au détriment de l'esprit national, s'affirme toutes les fois qu'il s'agit de l'autorité du
pape et des décrets du concile de Trente.

On peut constater, d'ailleurs, que les passions de l'époque
de la Ligue sont bien atténuées. Si le clergé supplie le roi
d'interdire l'exercice de la « prétendue religion Réformée »
dans tout le royaume, il ne le fait que pour l'acquit de sa
conscience; il se hâte de prévoir le cas « où le roi ne pourrait empêcher ledit exercice », et il se contente de demander des mesures contre les progrès possibles du protestantisme.

Le cahier de la noblesse est plus ouvertement hostile à
tout progrès, et demande plus franchement le retour au
passé. Son dépit perce à chaque ligne, et sa jalousie se traduit dans chaque article. Elle se sent appauvrie et écartée
des affaires. Elle cherche à refaire sa fortune, à ressaisir
son influence. Elle réclame une large place dans les offices
judiciaires, dans les fonctions administratives, et jusque
dans les magistratures municipales. Elle demande aussi le
droit de faire le « grand trafic », sans déroger. Rien de
plus légitime assurément que ce désir de jouer un rôle
actif et utile. Mais rien de plus mesquin que les revendications de sa vanité blessée contre la bourgeoisie. Le
cahier des nobles insiste sur la stricte observation des « ordonnances pour le fait de la chasse », sur la défense aux

Ordre et séance des États généraux de France, tenus et ouverts à Paris le 27 octobre 1614
D'après une gravure du temps.

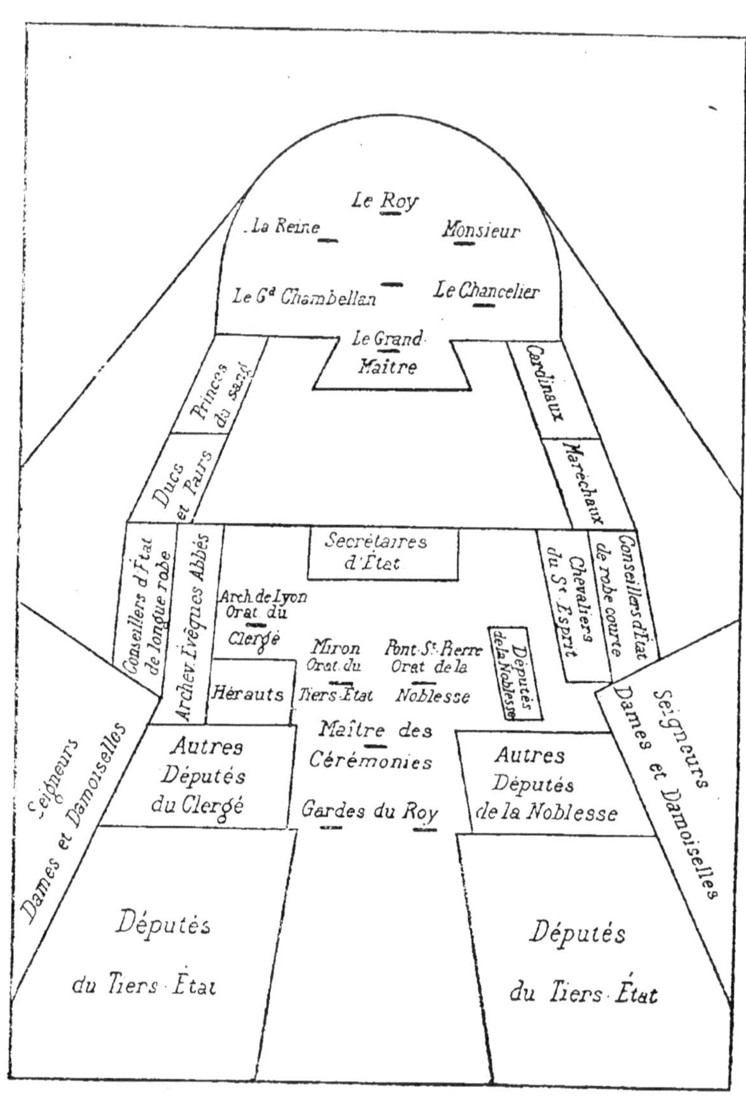

Plan de l'ordre et séance des États généraux de France,
tenus et ouverts à Paris le 27 octobre 1614.

roturiers de porter l'arquebuse, « ni d'avoir chiens à chasser ou autres qui n'aient les jarrets coupés ». Il demande qu'il soit défendu « à peine d'une amende de mille écus » de traiter de *messire* tout autre qu'un gentilhomme, et de *madame* une femme de condition bourgeoise. Il voudrait « prescrire à chaque état tel habit que par l'accoustrement on puisse faire distinction de la qualité des personnes, et que le velours et satin soient défendus sinon au gentilhomme. » En 1627, à l'assemblée des notables, cet « emportement de haine jalouse », comme dit A. Thierry, se marquera mieux encore par un étrange vœu : « Votre Majesté est suppliée de retrancher le nombre excessif des collèges, lesquels, au dommage de l'État, soustraient au public une infinité de gens, qui abandonnent les arts, le commerce, le labourage et la guerre, tournent à charge au public, et qui, pour avoir passé leur jeunesse dans l'oisiveté des lettres, deviennent pour la plupart incapables de servir. »

On peut grouper les articles du cahier du Tiers sous deux chefs. Les uns sont dirigés contre les prétentions ou les abus des deux ordres privilégiés, les autres ont pour objet le progrès économique.

En ce qui concerne le clergé, le cahier du Tiers réclame l'élection des évêques par une sorte de corps électoral mixte, où entreront avec les membres du chapitre, douze nobles et douze bourgeois ; la réduction de la compétence des tribunaux ecclésiastiques ; le dépôt régulièrement fait par les curés au greffe des tribunaux, des actes de baptême, mariage, décès ; des limites à la faculté d'acquérir de nouveaux immeubles pour les communautés religieuses ; la soumission des Jésuites aux lois civiles et politiques imposées aux autres ordres en France. — Contre la noblesse, le Tiers demande la vérification des droits de corvée et de banalité, que les nobles percevaient souvent sans titres valables ; une enquête sur les titres de noblesse, afin de connaître ceux qui se sont soustraits indûment à la taille ;

la défense aux seigneurs de bâtir de nouveaux châteaux, « qui puissent endurer le canon », et d'ajouter fossés, tours et remparts aux anciens châteaux, enfin, l'obligation pour les seigneurs laïques ou ecclésiastiques d'affranchir, dans un délai déterminé, leurs mainmortables, moyennant une indemnité.

Les autres articles importants du Tiers appartiennent presque tous à l'ordre économique, ils révèlent, en général des aspirations libérales et des tendances nouvelles. Une réclamation énergique contre les douanes intérieures ; la suppression des monopoles, c'est-à-dire « le droit à tous marchands de faire trafic en tous lieux, tant en dedans qu'en dehors du royaume,... nonobstant tous privilèges, concédés à aucuns ». L'entretien des routes, la réforme des relais de poste, la publicité des actes de société commerciale, l'unité des poids et des mesures ; la protection des côtes, celle de nos nationaux trafiquant à l'étranger ; la suppression de toutes les maîtrises de métiers établies depuis 1576 ; celle de tous les deniers levés sur les artisans, à raison de leur industrie, et de tous les droits imposés à ceux qui veulent devenir maître ; etc. Cette manifestation en faveur de la liberté commerciale et industrielle est fort remarquable. Conforme à la politique économique d'Henri IV, elle inspira à Richelieu plusieurs de ses meilleures mesures. Colbert devait plus tard rompre violemment avec ces tendances et appliquer au travail national des principes absolument opposés.

L'œuvre des États généraux de 1614 fut donc, à beaucoup d'égards, digne d'admiration. Mais jamais on ne vit mieux quelle différence il y a entre le conseil et l'action, entre l'intelligence novatrice et la décision politique, entre la bonne volonté et la volonté. L'assemblée qui venait de formuler ces vœux, dont s'inspirèrent les Constituants de 1789, eut un dénouement misérable.

La cour avait hâte de se débarrasser des États, et ne cessait de presser la rédaction des cahiers. Ils furent présentés dans la séance de clôture le 23 février 1615. On remarqua que les députés attendirent longtemps à la porte de la salle, pendant que « plus de deux mille courtisans, muguets et muguettes, avaient pris les meilleures places ». Suivant l'usage, chaque ordre avait désigné un orateur. Celui du clergé fut Richelieu.

Le discours prononcé en cette circonstance par celui qui devait être le Cardinal-roi, est de tout point digne d'attention. Un certain nombre des idées qui y sont contenues sont l'expression des vœux de son ordre; mais le puissant génie du futur ministre s'y révèle en maint endroit; le style est net, ferme, souvent éloquent, on reconnaît déjà la belle langue politique de celui qui, pendant dix-huit ans, parlera comme il agira — en maître.

Le baron de Senecey ne prononça que quelques paroles. Mais le président du Tiers, Miron, résuma avec vivacité et non sans éloquence, les griefs de son ordre ; il peignit la misère du peuple, il le montra prêt à se révolter : « Il est à craindre, s'écria-t-il, que le désespoir ne fasse connaître au pauvre peuple, que le soldat n'est pas autre chose que le paysan portant les armes, que le vigneron, quand il aura pris l'arquebuse, d'enclume qu'il est ne devienne marteau. » Il adjura enfin le roi de pourvoir à ces désordres « par un *coup de majesté* », donnant ainsi d'avance la formule énergique de l'œuvre de Richelieu.

Le roi répondit en quelques mots, qu'il remerciait les députés et qu'il répondrait à leurs cahiers promptement et favorablement.

Confiants dans les promesses de la reine, les députés du Tiers-Etat croyaient pouvoir attendre l'ordonnance qui donnerait satisfaction à leurs vœux. Leur déception fut cruelle, lorsque le lendemain de la séance royale, ils trouvèrent la porte de la salle des Augustins fermée, et apprirent de leur président qu'ils ne devaient plus tenir désormais aucune assemblée. Leur étonnement, leur colère se traduisirent en termes amers. « Que signifie cette porte fermée, ce déménagement hâtif, sinon un congé honteux qu'on nous donne, nous ôtant les moyens de nous voir et pourvoir au reste des affaires pour lesquelles nous avons été mandés. Ah ! France plus digne de servitude que de franchise, d'esclavage que de liberté!... sommes-nous autres que ceux qui entrèrent hier dans la salle de Bourbon?...

Cette question attendit cent soixante-quatorze ans sa réponse : ce fut Sieyès qui la prononça, le 23 juin 1789 : *Nous sommes aujourd'hui ce que nous étions hier : délibérons.*

Les députés de 1614 ne *délibérèrent* pas. Un grand découragement avait suivi cet accès d'indignation. Beaucoup d'entre eux « minutaient leur retour et désiraient leur maison ». Ils ne sentaient pas d'ailleurs, comme en 1789, la nation derrière eux Ils perdirent un mois en démarches stériles auprès de Miron, du chancelier, de la reine. Enfin le 24 mars, le roi, pour en finir, manda au Louvre les bureaux des trois ordres, leur annonça que l'ordonnance ne pourrait être faite que beaucoup plus tard, et leur promit formellement l'abolition de la vénalité des offices, la suppression des pensions, et l'établissement d'une chambre de justice, pour la poursuite des abus commis dans les finances. Les députés emportèrent dans leurs provinces ces promesses qui ne devaient pas être tenues. Ainsi finirent les Etats de 1614 ; avec eux prit fin l'institution même des Etats généraux. Tout est digne de remarque dans cette dernière session ; les débats passionnés des trois ordres, l'intelligence que révèle le cahier du Tiers, et l'impuissance finale de la représentation nationale.

II. — L'ASSEMBLÉE DES NOTABLES DE 1617.

Pendant deux ans encore la France souffrit des maux auxquels les Etats généraux avaient voulu porter remède, le gaspillage des finances, les révoltes des grands, la politique anti-nationale. Lorsque Concini fut tué, et Marie de

Médicis reléguée à Blois, le nouveau ministre, de Luynes, voulut répondre par quelques réformes aux espérances qu'avait fait naître par toute la France cette révolution de palais. N'osant ni entreprendre seul une besogne si délicate, ni recourir de nouveau aux États généraux, il conseilla à Louis XIII de convoquer les notables. Dans sa lettre de convocation, le roi définissait ainsi les *notables :* « Un conseil de personnes, desquelles la dignité, probité, expérience et réputation persuadât à un chacun que les résolutions qui auront été prises par leurs avis, n'ont d'autre but ni visée que le bien et salut de notre royaume. »

Treize prélats, seize nobles et vingt-cinq membres des cours souveraines se trouvèrent réunis à Rouen à la fin de novembre 1617. Leurs délibérations portèrent sur les abus déjà signalés par les cahiers de 1614. La plus importante eut trait à la réorganisation des Conseils du roi ; les notables se montrèrent peu favorables à l'idée d'en modifier la composition en y introduisant les princes.

Leurs vœux furent comme la réduction des cahiers de la dernière assemblée : l'issue de leurs débats fut aussi la même. Au bout de quelques semaines, le roi leur ordonna de se transporter à Paris pour y attendre sa réponse ; et cette réponse, donnée un mois plus tard, fut encore une promesse non suivie d'effet.

III.   Assemblée des notables de 1626.

L'orateur du clergé aux États de 1614, Richelieu, était devenu ministre en 1624. Dès les premières années de son ministère, au milieu des difficultés du gouvernement et des complications de la politique extérieure, il songea à donner à l'opinion les satisfactions si longtemps promises et si souvent ajournées. Comme de Luynes, il voulut soumettre ses projets à une assemblée de notables.

Celle qui se réunit le 2 décembre 1626 se composait de

douze prélats, de dix nobles, de vingt-deux membres des cours souveraines, du prévôt des marchands et d'un trésorier des finances. La présidence en fut donnée au frère du roi, Gaston d'Orléans.

Après que le garde des sceaux, Marilhac, eût exposé à l'assemblée les principales réformes qui lui seraient soumises, Richelieu traça le programme des travaux à accomplir. Son discours se terminait par ces mots particulièrement significatifs : « Les malades mourant aussi bien quelquefois pour être surchargés de remèdes que pour en être entièrement privés, j'estime que pour rétablir cet état en sa première splendeur, il n'est pas besoin de beaucoup d'ordonnances, mais bien de *réelles exécutions.* »

Les notables délibérèrent alors sur les quinze propositions présentées par le cardinal et se séparèrent le 24 février 1627. Cette fois du moins le pouvoir ne fit pas, comme en 1615 et en 1617, banqueroute à ses engagements.

Malgré la triple lutte dans laquelle Richelieu se trouvait alors engagé, contre les protestants, les grands et l'Espagne, les promesses de réformes furent enfin tenues : Le vœu trois fois exprimé, pour la démolition des forteresses, reçut le premier satisfaction. Puis Marilhac fut chargé de rédiger une ordonnance qu'il porta au Parlement, le 15 janvier 1629. C'était un véritable code, comprenant 461 articles, et réalisant dans la mesure du possible les améliorations politiques, législatives, économiques demandées par les trois assemblées précédentes[1]. Le parlement de Paris qui refusa longtemps de l'enregistrer et plus longtemps encore de l'appliquer, l'appela par dérision le *code Michaud* (du nom de Michel de Marilhac). L'histoire doit lui donner son véritable titre, celui de code Richelieu ; elle marquera ainsi que le cardinal fut l'héritier des lumières et du zèle des Etats de 1614 ; il fit ce qu'ils n'avaient pu faire, parce qu'il eût ce qui leur manquait, l'énergie.

---

[1] Voir dans Picot, *Histoire des Etats généraux,* t. IV, p. 184.

CHAPITRE VIII

RÉSUMÉ ET CONCLUSION — ROLE DES ÉTATS GÉNÉRAUX DANS NOTRE HISTOIRE

I. — La fin des Etats généraux.

Nous sommes arrivés au seuil de la monarchie absolue. Richelieu l'a fondée, Louis XIV la personnifie, Louis XV va la discréditer, Louis XVI ne saura pas la défendre. Pendant plus d'un siècle et demi, la France n'a pas d'institutions représentatives. Les Etats généraux ont disparu de notre histoire. Tout ce qui reste d'eux, ce sont de vagues souvenirs, des regrets timides qui s'éveillent parfois, aux moments de souffrance ou de crise.

Ainsi pendant la période la plus troublée de la Fronde, lorsque grâce aux intrigues de Retz et de la princesse palatine, les parlementaires se réconcilient avec les grands contre Mazarin (janvier 1651), la noblesse réclame la réunion des Etats généraux, la régente, Anne d'Autriche, la promet, et les convoque pour le 8 septembre 1651. Mais les événements se précipitent; Condé, que Mazarin vient de mettre en liberté, accourt à Paris; il réussit, comme toujours, à semer la division parmi ses partisans; il quitte la cour et se met en révolte ouverte. Alors toute solution légale est ajournée, et, bien que les élections aient déjà eu lieu dans quelques bailliages, les Etats généraux ne se réunissent pas. Bientôt le Parlement de Paris, qui avait usurpé le rôle d'une représentation nationale, est réduit au silence par le jeune roi, et confiné dans ses attributions judiciaires. Pendant plus de cinquante ans aucune réclamation ne s'élève contre le pouvoir personnel de Louis XIV. La tradition de nos libertés politiques est interrompue.

Elle n'est pas brisée cependant ; on la voit se renouer au commencement du XVIIIe siècle. Aux malheurs de la fin du grand règne quelques libres esprits cherchent un remède. Fénelon et le petit groupe d'hommes politiques qui reçoit sa direction croient le trouver dans un projet de réforme à la fois aristocratique et libérale. Au premier rang de leurs conceptions figure la convocation des États généraux tous les deux ans.

L'époque de la régence, qui prélude au grand mouvement philosophique du XVIIIe siècle en remuant tout un monde d'idées, rappelle, mais en vain, l'attention publique sur le souvenir de nos assemblées nationales. Le comte de Boulainvilliers, le studieux investigateur de nos origines politiques, remet au régent un mémoire sur les États généraux. Saint-Simon les réclame, au Conseil de régence, pour leur soumettre un projet de banqueroute « ingénument cynique », dit Henri Martin. Le conseil écarte à la fois le projet et le moyen, la banqueroute et les États.

A la fin du règne de Louis XV, au milieu des complications suscitées par le coup d'État judiciaire de Maupeou, Malesherbes, dans les remontrances qu'il adresse au roi, au nom de la cour des Aides, rappelle, non sans hardiesse, le temps « où le peuple avait la consolation de présenter ses doléances aux rois ».

Turgot, dès le début du règne de Louis XVI, songe à restaurer l'ancienne institution, en élargissant ses bases et en rendant son fonctionnement plus régulier. Mais il ne tarde pas à succomber sous la violente opposition qu'avaient soulevée les réformes économiques.

Cependant lorsque, après quatre années de folles dissipations, Calonne, à bout de ressources, reprend quelques-uns des projets de ses prédécesseurs, le roi et le ministre se sentent trop faibles pour attaquer les abus de leur propre initiative ; ils ont recours à ce simulacre de représentation nationale qu'on appelait une Assemblée de notables. Les notables réunis le 22 février 1787, à Paris, montrent quelque audace ; ils acceptent la réforme, mais ils ne veulent pas du réformateur, ils renversent Calonne ; ils donnent mandat à Brienne d'établir la *subvention territoriale ;* mais comment auraient-ils assuré au ministre sorti de leurs rangs une autorité qu'ils n'avaient pas eux-mêmes? La lumière se faisait peu à peu : La Fayette osa prier le roi de convoquer une Assemblée nationale : « Quoi, Monsieur, s'écria le comte d'Artois, vous demandez les Etats généraux ! — Oui, Monseigneur, et même *mieux que cela.* »

Mieux que cela ! ce fut bientôt le vœu, le cri de toute la nation. Necker, rappelé au ministère, comprit qu'aucune résistance n'était plus possible. Il ne s'agissait plus que de délibérer sur la forme qu'on donnerait à la nouvelle assemblée, pour avoir *mieux que les Etats généraux.* Les notables convoqués de nouveau (1788) essayèrent de maintenir la tradition de 1614. Mais l'opinion publique ne se contentait plus de si peu, et Sieyès la passionna par sa fameuse définition du Tiers-Etat.

L'histoire des assemblées de l'ancienne France est finie. De l'assemblée qui se réunit à Versailles, le 4 mai 1789, va sortir la France nouvelle.

II. — Résumé.

Avant d'apprécier le rôle politique des Etats généraux, et l'influence qu'ils ont eue sur les destinées de la monarchie française, il ne sera pas inutile de résumer en quelques pages leur histoire, et de grouper en quelques tableaux les détails que nous avons donnés au cours du récit.

La première convocation des Etats généraux a eu lieu en 1302 ; la dernière en 1614. Dans cet intervalle d'un peu plus de trois siècles, nous comptons vingt-cinq sessions, savoir :

3 sous Philippe le Bel, en 1302, 1308 et 1314.

2 sous ses fils, en 1317 et 1321.

2 sous Philippe de Valois, en 1329 et 1338.

3 sous le roi Jean, en 1351, en 1355-58 et en 1359.

> (Nous croyons pouvoir considérer les diverses assemblées tenues avant et après la bataille de Poitiers, jusqu'à la mort d'Etienne Marcel, comme les différentes sessions d'une seule *législature*.)

2 sous Charles V, en 1367 et 1369.

3 sous Charles VI, en 1380, 1413 et 1420.

2 sous Charles VII, en 1435 et 1439.

1 sous Louis XI, en 1468.

1 sous Charles VIII, en 1484.

1 sous Louis XII, en 1506.

4 pendant les guerres de religion, sous Charles IX, Henri III et Henri IV, en 1560, 1576, 1588 et 1593.

1 sous Louis XIII, en 1614.

Toutes ces sessions n'ont pas la même importance ; on peut les classer ainsi :

4 d'entre elles sont contestées : celles de 1317, 1321, 1329, 1338 ; les principaux historiens des Etats généraux ne sont pas d'accord sur la date des trois premières ; quelques-uns mettent en doute la quatrième[1].

---

[1] Voir la note qui termine le chapitre I. Notre classification des États généraux est nécessairement un peu arbitraire, vu les divergences des historiens au sujet des États tenus pendant la première moitié du xiv⁰ siècle. Si l'on admet la thèse de M. Hervieu, il faut compter 31 sessions, savoir : quatre de plus à Paris (1313, 1343, 1346, 1347), et une de moins (1338) ; — une à Pontoise (1320) ; — une de plus à Orléans (1333) ; — et une session d'*États généraux fractionnés* (1318).

4 sont d'un caractère douteux, en ce sens qu'on ne saurait dire si elles furent précédées d'élections générales faites par les trois ordres, c'est-à-dire si elles furent de véritables États généraux : ce sont celles de 1351, de 1367, de 1380 et de 1435.

2 nous sont très mal connues, malgré l'importance de leurs résultats : celle de 1413, d'où sortit la révolution cabochienne, et celle de 1439, qui eut une part difficile à déterminer dans la création de l'armée et de l'impôt.

2 autres ont été la représentation d'un parti, d'une faction, plutôt que de la nation : celle de 1420 qui approuva le traité de Troyes, et celle de 1593, qui faillit livrer la France à Philippe II.

7 assemblées ont été convoquées pour un objet précis, déterminé à l'avance, et n'ont tenu que de courtes sessions, presque sans débats parlementaires : celles de 1302 (querelle de Philippe IV avec le Pape), de 1308 (procès des Templiers), de 1314 (aide extraordinaire pour la guerre de Flandre), de 1359 (refus de la paix signée par le roi Jean), de 1369 (déclaration de guerre à l'Angleterre), de 1468 (reprise de la Normandie au frère de Louis XI), de 1506 (rupture des traités de Blois).

1 assemblée, celle qui a tenu de nombreuses sessions, de 1355 à 1358, a eu un caractère essentiellement révolutionnaire ; on peut la comparer aux États généraux de 1789, qui, bientôt transformés en Assemblée nationale constituante inaugurèrent la Révolution française.

5 sessions enfin, celles de 1484, 1560, 1576, 1588, 1614, ont été par leur durée, l'ampleur de leurs débats, l'importance de leurs travaux, de véritables sessions parlementaires ; ces débats et ces travaux nous sont connus, du reste, par les procès-verbaux plus ou moins complets des délibérations des trois ordres, par les cahiers ou par des relations détaillées, telles que le Journal de Masselin (1484), le Journal de Jean Bodin et celui de Guillaume de Taix (1576), le Journal d'Étienne Bernard (1588), la Relation de Florimond de Rapine (1614).

Les *Assemblées de notables,* qui furent parfois convoquées au lieu des États généraux, s'en distinguent par l'absence d'élections régulières et par le nombre restreint des hommes appelés à délibérer. Probablement plusieurs des assemblées que nous avons désignées sous le nom d'Etats généraux, particulièrement les sessions mal connues du xive et du xve siècle, ont été de simples assemblées de notables. On doit, sans aucun doute, ranger dans cette catégorie l'assemblée de 1557 (tenue entre la défaite de Saint-Quentin et la prise de Calais). La distinction, toutefois, n'apparaît nettement que sous les Bourbons. A partir du règne d'Henri IV on compte cinq sessions de notables :

1 sous Henri IV (Rouen, 1596).
2 sous Louis XIII (Rouen, 1617, et Paris, 1626).
2 sous Louis XVI (Paris, 1787 et 1788).

Le groupement chronologique des Etats généraux donne le résultat suivant :

13 sessions au quatorzième siècle ;
 6 — au quinzième siècle ;
 5 — au seizième siècle ;
 1 — au dix-septième siècle.

Il y a deux remarques à faire à ce sujet :

La première, c'est que le nombre des sessions va diminuant à chaque siècle ; à chaque progrès de la monarchie absolue correspond naturellement un affaiblissement du principe représentatif. Quand la monarchie absolue est entièrement constituée au xviie siècle, la représentation nationale disparaît de notre histoire.

La seconde remarque est le corollaire de la première. Les périodes de sessions nombreuses et les dates des sessions importantes correspondent aux époques troublées, aux temps des guerres étrangères, des guerres civiles, des minorités orageuses, c'est-à-dire aux règnes de Jean le Bon, de Charles VI, aux régences d'Anne de Beaujeu, de Catherine de Médicis, de Marie de Médicis, etc. Nous aurons à indiquer plus loin les causes et les conséquences de ce fait caractéristique.

III. — Forme des États généraux.

Rien de moins fixe et de moins régulier que la forme des diverses sessions d'États généraux. L'histoire de leurs variations pourrait fournir un long et curieux chapitre : nous devons nous borner à signaler celles qui sont essentielles, et sur lesquelles ne subsiste aucune obscurité.

Le lieu de réunion a souvent varié :

A Paris, 15 sessions.
A Tours, 5 sessions, celles de 1308, 1435, 1468, 1484, 1506.
A Orléans, 2 sessions, celles de 1439 et de 1560.
A Blois, 2 sessions, celles de 1576 et de 1588.
A Chartres, 1 session, celle de 1367.

On voit que les villes de la Loire, Tours en particulier, qui a été longtemps une sorte de capitale des Valois, tiennent une large place dans l'histoire de nos assemblées politiques.

Le nombre des députés est extrêmement variable, autant que nous en pouvons juger par les textes fort incomplets des historiens ou les données souvent contradictoires des documents officiels.

En 1308, sous Philippe le Bel, les députés durent être fort nombreux, car nous avons plus de cinq cents procurations relatives à ces États.

En octobre 1356, plus de 800 députés, dont plus de 400 pour le Tiers-État.

En 1484, 284 députés.

En 1560, 440 députés environ, 107 pour le clergé, à peu près autant pour la noblesse, 224 pour le Tiers-État.

En 1576, 326 députés : 104 pour le clergé, 72 pour la noblesse, 150 pour le Tiers-État.

En 1588, 505 députés : 134 pour le clergé, 180 pour la noblesse, 191 pour le Tiers-Etat.

En 1593, 158 députés : 49 pour le clergé, 54 pour la noblesse, 55 pour le Tiers-Etat.

En 1614, 464 députés : 140 pour le clergé, 132 pour la noblesse, 192 pour le Tiers-Etat.

Les notables sont toujours peu nombreux :

En 1596........... 80 membres.
En 1617.......... 50 —
En 1626.......... 45 —

Quant au mode d'élection, ce qu'on en sait le mieux, c'est qu'il a varié sans cesse non seulement d'une session à l'autre, mais pour une même session, d'une province à l'autre [1] ; que les députés étaient élus quelquefois directement, souvent par le suffrage à deux et même à trois degrés ; que les députés étaient choisis tantôt par leurs ordres respectifs, tantôt par les délégués des trois ordres réunis ; que chaque ordre ne prenait pas nécessairement dans son sein ceux qui devaient le représenter ; qu'enfin les paysans (le *plat pays*) n'eurent pas de représentation avant le XVI⁰ siècle, ou peut-être la fin du XVᵉ.

Quelques règles seulement ont persisté sans modifications pendant toute la durée des Etats généraux. Voici les principales :

1º La convocation par des lettres royales adressées aux baillis et sénéchaux, avec l'indication des motifs de la reunion des Etats.

2º Le bailliage seule circonscription électorale, depuis 1302 jusqu'en 1789.

3º La séance d'ouverture présidée par le roi (ou par le

---

[1] M. VIOLLET (*Bibliothèque de l'Ecole des Chartes*, 1866) a démontré que pour les convocations de 1468 et de 1484 les élections se firent d'une façon toute différente à Tours, à Lyon, à Amiens, à Rouen, etc.

lieutenant général, en 1356). Le roi faisait d'ordinaire connaître ses projets par l'organe de son chancelier. Henri III en 1576 et en 1588, Henri IV en 1596 prononcèrent seuls de véritables *discours du trône*.

4° La délibération des trois ordres séparément. En 1468 et en 1484 seulement, les Etats délibérèrent par bureaux, correspondant aux régions provinciales. Quand les trois ordres délibèrent séparément, ils s'envoient les uns aux autres de fréquentes députations.

5° La rédaction des cahiers, à partir de 1484. A cette date un cahier général ; dans les sessions suivantes un cahier de chaque ordre est rédigé par la condensation des cahiers de chaque bailliage.

6° La séance royale de clôture, pour la remise des cahiers.

A cela se borne ce qu'on peut appeler la tradition constante des Etats généraux.

IV. — Conclusion.

Il nous reste à apprécier l'influence des Etats généraux sur les destinées de la nation française. Cette influence, nous devons le reconnaître tout d'abord, n'est pas en rapport avec l'importance de l'institution. Il suffit, pour s'en convaincre de mettre nos Etats généraux en regard du Parlement anglais.

Ces deux grandes institutions sont nées presque au même moment et présentent à l'origine de nombreuses analogies. C'est au xiii° siècle que la nation anglaise énonce dans la Grande-Charte les principes de ses libertés (1215), puis constitue son Parlement (1264) ; c'est au commencement du xiv° siècle que les trois ordres de la nation française sont appelés au conseil de la royauté (1302) ; et, un demi-siècle plus tard, la grande ordonnance de 1357 revendique, en termes plus clairs que ceux de la Grande-

Charte, les garanties d'un gouvernement libre. Comme le Parlement anglais, nos Etats généraux ont en main deux moyens d'action, deux armes contre les abus du pouvoir : les *griefs* et le vote des *subsides*. Pendant trois siècles, nos assemblées politiques peuvent soutenir la comparaison avec les assemblées anglaises, pour le souci du bien public, pour les lumières et l'éloquence, souvent même pour l'habileté déployée dans les manœuvres de la stratégie parlementaire. Et cependant les résultats sont tout différents en deçà et au delà du détroit. Chez nos voisins, ces efforts vers la liberté aboutissent à l'établissement de la monarchie constitutionnelle, chez nous, au triomphe de la monarchie absolue.

Cette apparente contradiction s'explique par deux sortes de raisons : nous trouvons les premières dans l'étude de l'institution elle-même, de sa création, de son développement, de son mécanisme.

En premier lieu, l'institution des Etats généraux a un vice originel. Les Etats apparaissent d'abord dans notre histoire comme les auxiliaires de la royauté ; ils sont convoqués par elle, dans des circonstances critiques; ils lui apportent, en face de quelque grand péril, un appui moral ou des secours matériels. Tandis que l'institution anglaise est née d'une protestation des différentes classes de la nation, unies entre elles, contre l'indignité ou l'incapacité des rois, l'institution française n'offre au début aucun caractère de résistance, et n'énonce tout d'abord aucune prétention au contrôle ou au partage du pouvoir. Sans doute cette résistance et ces prétentions se manifesteront bien vite. Mais elles auront dès lors quelque chose d'illogique et comme une apparence factieuse ; elles sembleront plutôt l'usurpation d'un pouvoir que l'exercice d'un droit.

Ce n'est pas tout : les rois qui, une première fois, *ont convoqué* les Etats généraux, les *convoqueront toujours*. A mesure que les velléités de résistance s'y montreront plus vives, le pouvoir royal hésitera davantage devant une convocation, et il ne s'y résignera guère qu'en présence d'un danger imminent ou d'un dénûment absolu. Les sessions d'Etats, séparées par de longs intervalles (parfois plus d'un demi-siècle (1506-1560), auront toujours un caractère *exceptionnel;* elles seront dans la vie de la nation, un accident, et non le fonctionnement régulier d'un organe. Elles n'acquerront jamais cette force que la continuité donne à une institution, ces droits indiscutables qui s'appuient sur des traditions ininterrompues. En Angleterre, le Parlement n'a pas toujours été puissant; pendant tout le xvi⁰ siècle il n'apparaît guère que comme l'instrument docile des caprices d'une dynastie. Mais du moins il existe. « Il est déjà une institution régulière, un moyen de gouvernement adopté en principe, et souvent indispensable en fait [1]. »

Le salut pour les Etats généraux eût été dans la périodicité. On ne peut pas leur reprocher de l'avoir ignoré. De 1355 à 1357, ils s'ajournent eux-mêmes à date fixe, par une série de mesures qui sont les plus hardies de leur histoire. Mais, au xv⁰ et au xvi⁰ siècle, les Etats ne formulent cette prétention que rarement, et d'une façon de plus en plus timide. En 1484, ils demandent que les sessions aient lieu *tous les deux ans,* en 1560 et en 1576, ils se contentent d'une convocation *tous les cinq ans,* en 1614, *tous les dix ans.* Le pouvoir royal ne répond jamais à ces vœux autrement que par de vagues promesses.

Cette absence de périodicité priva les Etats généraux de leur moyen d'action le plus efficace, le vote de l'impôt. Pendant la première moitié de leur existence jusqu'au milieu du xv⁰ siècle, ce fut un principe, sans cesse revendiqué par les députés et admis par la royauté qu'aucun subside ne pouvait être mis sur le peuple sans le consentement des Etats. Ces subsides, établis dans des

---

[1] GUIZOT, *Histoire de la civilisation en Europe,* x⁰ leçon.

circonstances particulières et pour un but déterminé portèrent d'abord le nom général d'aides, puis s'appelèrent suivant la forme particulière donnée à l'impôt, *aides, fouages, tailles,* etc. Mais le subside une fois voté, les Etats n'avaient aucun moyen d'empêcher qu'il ne fût perçu indéfiniment ; Charles V, le premier, perçut jusqu'à la fin de son règne l'*aide* de 1369. Charles VII obtint des Etats de 1339 une *taille* qui devint perpétuelle, sans qu'on sache si les Etats abandonnèrent leur droit ou si le roi le viola. Les assemblées suivantes, en 1484, en 1560, en 1576, réclamèrent en vain un droit plus modeste, celui d'être consulté sur tout impôt *nouveau,* ou sur toute *augmentation* des impôts anciens. Leurs revendications pour l'avenir restèrent vaines parce qu'elles n'avaient pas de lendemain assuré.

Tout se tient d'ailleurs dans la pratique des libertés politiques. L'irrégularité de la convocation des Etats ne les désarma pas seulement sur le terrain de l'impôt ; elle leur enleva encore d'autres droits, à l'exercice desquels ils n'attachaient pas une moindre importance, celui d'être consultés sur les déclarations de guerre, celui de rendre les conseillers du roi responsables de leurs actes, celui d'obtenir satisfaction pour les doléances dont leurs cahiers étaient composés. Avec des sessions régulières, ils eussent aisément subordonné le vote des *Subsides* à la satisfaction des *griefs,* ils eussent par exemple refusé l'impôt si les réformes demandées deux ans auparavant n'avaient pas reçu un commencement d'exécution. Il n'en fût jamais ainsi, et trois mots résument la fin de toute session : remise des cahiers, promesses de réformes, ajournement indéfini de leur exécution.

Après avoir expliqué l'impuissance des Etats, il reste à expliquer leur échec final, à dire pourquoi ils disparurent au moment même où le Parlement anglais allait prendre en main le gouvernement de la nation. Il faut invoquer ici des raisons tirées de l'histoire générale, et rappeler les conditions particulières du développement national dans les deux pays. En Angleterre, la nation s'est formée par l'union des trois classes contre la royauté. En 1215 et en 1264, le haut clergé, les barons, et les communes agissent de concert et se trouvent d'accord pour mettre un frein aux violences et aux caprices des souverains. En France, l'esprit national s'est développé par les soins de la royauté, autour d'elle, à son profit. C'est elle qui, de bonne heure, a personnifié, dans notre pays, la justice, la paix publique, la sécurité des frontières, l'unité française. Son auxiliaire constant dans cette œuvre a été le Tiers-Etat. Nos rois les plus actifs se sont appuyés sur lui tantôt contre l'esprit de domination du clergé, tantôt contre l'indépendance factieuse des grands. Par suite, lorsque les trois ordres sont réunis dans une session d'Etats généraux, chacun d'eux se trouve vis-à-vis des autres et vis-à-vis de la royauté dans une situation particulière. La noblesse est surtout occupée à défendre ses privilèges ou à reconquérir son influence politique ; elle regrette le passé, elle bat en brèche l'œuvre administrative de la monarchie. L'attitude du clergé est moins simple, ses tendances sont plus complexes. Il est « attiré d'un côté par l'esprit libéral de ses doctrines, de l'autre par ses intérêts comme ordre privilégié » (Aug. Thierry). Il se préoccupe visiblement du bien-être général, de l'amélioration matérielle et morale du sort des classes pauvres ; mais il n'a garde d'oublier qu'il est propriétaire et exempt de la plus grande partie des charges publiques ; parfois aussi il revendique avec une singulière énergie cette suprématie absolue de l'Eglise que la papauté du moyen-âge avait érigée en doctrine. C'est ainsi « qu'il défend tour à tour les privilèges et l'égalité, les droits du passé et les réformes de l'avenir, selon qu'il songe à ses intérêts d'ici bas ou qu'il demeure fidèle aux lois divines qu'il a le devoir d'enseigner [1] ».

---

[1] Picot, *Histoire des Etats généraux*, t. IV, p. 290.

Aussi quand le Tiers essaie de lutter contre les exigences fiscales de la royauté, il ne peut guère compter sur l'appui de la noblesse, et il ne trouve dans le clergé qu'un allié indécis et versatile. De là sa timidité, ses découragements, et finalement sa soumission. Combien il se sent plus fort au contraire, quand il lutte contre les privilèges ou les usurpations des deux autres ordres ! Là, du moins, il a un allié puissant et sûr : le roi. Le roi et le Tiers ont alors les mêmes ennemis ; ils combattent le même combat ; ils travaillent à la même œuvre, à l'unification politique, au nivellement social, le Tiers par ses cahiers, le roi par ses ordonnances : les vœux de l'un ne font que devancer et préparer les actes de l'autre.

Les rois virent bientôt quel parti ils pouvaient tirer de cette hostilité de la bourgeoisie contre les privilégiés. Au XVIe siècle surtout et au XVIIe, ils profitèrent de ces querelles chaque jour plus vives ; ils fortifièrent leur pouvoir en rendant les trois ordres irréconciliables, jusqu'au jour où la monarchie, pourvue de ses organes essentiels, se débarrassa d'une institution qui avait toujours été pour elle une menace en même temps qu'un secours.

On peut donc dire que dans cette décadence et dans cette ruine des libertés politiques, la royauté, la noblesse, le clergé, le Tiers-Etat lui-même ont eu leur part de responsabilité. Aucun des trois ordres n'a conçu nettement l'idée d'un intérêt général supérieur à ses intérêts particuliers ; le pouvoir royal n'a jamais franchement accepté le contrôle des élus du royaume ; il a toujours cherché, et le plus souvent réussi, à triompher, par les petits moyens, d'un grand mouvement de l'opinion publique. L'opinion publique elle-même, la nation, prise dans son ensemble, facile à l'enthousiasme, prompte au découragement, plus généreuse que persévérante, n'a pas soutenu ses représentants dans une lutte où ils ne pouvaient rien sans elle. Satisfaite quand on lui donnait l'ordre au dedans, la gloire au dehors, elle ne réclamait que rarement et faiblement ce bien qui est la garantie de tous les autres, la liberté.

Voilà pourquoi les Etats généraux ont été impuissants à créer chez nous le régime parlementaire ; mais ce serait une grande injustice d'en conclure qu'ils ont été stériles : ils ont rendu à la nation trois sortes de services.

1° D'abord ils ont élaboré, surtout à partir du XVe siècle, presque toutes les grandes réformes ; les principales mesures financières, administratives, militaires, judiciaires qui ont peu à peu constitué notre unité politique ont été d'abord formulées dans les cahiers, surtout dans ceux du Tiers-Etat; nos meilleurs rois, nos plus grands ministres ont eu le mérite de les en tirer. On a vu comment Charles V a fait passer dans ses ordonnances la plupart des vœux de 1357; comment Charles VII et Louis XI se sont inspirés de l'ordonnance de 1413, et Louis XII des débats de 1484. Michel de Lhospital, seul entre les grands réformateurs, donna aux réclamations des Etats (Orléans, 1560) une satisfaction presque immédiate ; Henri IV et Sully puisèrent plus qu'on ne le croit dans l'*avis au roi* des notables de Rouen. Richelieu enfin mit à profit les cahiers de 1614, les discussions des notables en 1617 et en 1626, dans une large mesure. Il y a dans cette alternance régulière des grandes sessions et des grandes œuvres administratives un argument en faveur des Etats généraux : et l'on n'ôte rien à la gloire de ceux qui ont réalisé le progrès en y associant ceux qui l'ont préparé.

2° En second lieu, les Etats généraux ont soutenu de tout temps et gravé dans le cœur du pays quelques-uns des grands principes sur lesquels est fondée notre vigoureuse nationalité. Là, leur action s'est exercée directement, sans intermédiaires et sans délai. Citons au premier rang l'indépendance du pouvoir royal, c'est-à-dire de la nation française, à l'égard du pouvoir ecclésiastique, à l'encontre des théories théocratiques. Sur ce terrain, le Tiers-Etat est resté inébranlable. Il a constitué, en cette matière, une véritable doctrine française, celle qu'il expose humblement en 1302 et qu'il revendique fièrement en 1614; c'est un dépôt qu'il a légué à la France moderne : elle ne saurait lui marchander à cet égard sa reconnaissance.

Une autre doctrine sur laquelle les Etats généraux, et en particulier le Tiers-Etat, n'ont jamais varié, c'est l'inaliénabilité du domaine royal, et par extension, l'intégrité du territoire. Qu'il s'agisse de résister aux exigences d'un ennemi qui abuse de sa victoire comme en 1359, ou de repousser les prétentions des princes du sang, comme en 1468, de rompre, comme en 1506, un traité dangereux, de faire, comme en 1356, en 1369, en 1439 un dernier effort pour délivrer le pays, la décision des députés de la bourgeoisie est toujours prise à l'unanimité, presque sans discussion, et sous l'empire d'un patriotisme qui ne mesure pas les sacrifices. Seuls, les Etats de 1420 et de 1593 ont cédé ou hésité sur les questions où l'indépendance nationale était en jeu : mais les premiers étaient les Etats *Armagnacs,* les seconds les Etats *Ligueurs.*

L'attitude du Tiers-Etat n'a pas été moins ferme dans tous les débats concernant l'uniformité de législation, l'unification des coutumes, la suppression des juridictions exceptionnelles, en un mot l'unité politique.

La royauté et la bourgeoisie ont ainsi travaillé de concert, avec une admirable persévérance à faire triompher les trois articles de ce qu'on pourrait appeler le dogme national : sécularisation du pouvoir, intégrité du territoire, unité du gouvernement. Et c'est par les Etats généraux que cette religion de la patrie a été gardée contre toute atteinte, avec un soin jaloux.

3° Enfin, les Etats ont rendu au pays, sans le concours de la royauté, malgré elle, contre elle, un autre service. En ne cessant de réclamer des garanties contre le pouvoir absolu, ils ont transmis de génération en génération le désir de la liberté : ces réclamations vaines le plus sou-

vent, ces théories sans applications, eurent du moins pour
résultat d'entretenir en France l'idéal d'un régime meilleur. Si la nation n'a jamais fait l'entier abandon de ses
destinées à un maître, s'il n'y a pas eu chez nous de Philippe II, si notre monarchie, même devenue absolue, n'a
pas pris les allures du despotisme espagnol ou oriental,
l'honneur en revient aux protestations courageuses d'E-
tienne Marcel, de Robert Lecoq, de Philippe Pot, de Jean
Masselin, de Jean Bodin, d'Etienne Bernard, de Savaron,
de Miron, du lieutenant civil de Mesme ; et quoiqu'on
trouve surtout, parmi ces ancêtres de la France moderne,
des noms du Tiers-Etat, aucun ordre n'y est resté complètement étranger. Quelques-uns de ceux que nous venons de nommer ont créé notre éloquence politique, tous
ont préparé nos libres institutions.

Nous ne souscrirons donc pas au jugement sommaire de
M. Guizot : « Aucune des grandes mesures qui ont vraiment agi sur la société en France, aucune réforme importante dans le gouvernement, la législation, l'administration n'est émanée des Etats généraux[1] ». Mais il ajoute, et
nous ne saurions mieux dire : « Ce n'est pas un léger service à rendre à un peuple que de maintenir dans ses
mœurs, de réchauffer dans sa pensée, le souvenir et les
droits de la liberté. »

---

[1] *Histoire de la civilisation en Europe*, x⁰ leçon.

FIN

BIBLIOGRAPHIE

——

I. — DOCUMENTS ET OUVRAGES ANCIENS.

Recueil général des Estats tenus en France sous les rois Charles VI, Charles VIII, Charles IX, Henri III et Louis XIII, par le libraire TOUSSAINTS-QUINET (Paris, 1651, 1 vol.).

Forme générale et particulière de la convocation et de la tenue des Assemblées nationales. — Recueil des pièces originales et authentiques, concernant les Etats généraux, chez BARROIS (Paris, 1789, 8 vol.).

Des Etats généraux et autres assemblées nationales, par MEYER. — *Recueil de documents* (entre autres le *Journal de Florimond de Rapine*), chez BUISSON (Paris, 1789, 17 vol.).

Grandes chroniques de France, conservées en l'église Saint-Denys, publiées par PAULIN-PARIS, t. VI (1350–1382), (Paris, 1838).

Journal des Etats généraux de France, tenus à Tours en 1484, rédigé en latin par Jean MASSELIN, député du bailliage de Rouen, et traduit pour la première fois par A. BERNIER (*Documents inédits sur l'histoire de France,* Paris, 1835, 1 vol.).

Procès-verbaux des Etats généraux de 1593, recueillis et publiés par Aug. BERNARD (*Documents inédits sur l'histoire de France,* Paris, 1842, 1 vol.).

SAVARON : *Chronologie des Estats généraux, où le Tiers-Estat est compris depuis 422 jusqu'en 1614* (Paris, 1615, 1 vol.).

BOULAINVILLIERS (le comte de) : *Histoire de l'ancien gouvernement de la France avec quatorze lettres historiques sur les Parlements ou Etats généraux* (Paris, 1727, 3 vol.).

LANDINE : *Des Etats généraux ou histoire des assemblées nationales en France* (Paris, 1788, 1 vol.).

II. — OUVRAGES SPÉCIAUX SUR L'HISTOIRE DES ÉTATS GÉNÉRAUX.

RATHERY : *Histoire des Etats généraux en France* (Paris, 1845, 1 vol.).

BOULLÉE : *Histoire complète des Etats généraux et autres assemblées représentatives en France depuis 1302 jusqu'en 1626* (Paris, 1845, 2 vol.).

GEORGES PICOT : *Histoire des Etats généraux considérés au point de vue de leur influence sur le gouvernement de la France, de 1355 à 1614* (Paris, 1872, 4 vol.).

III. — OUVRAGES A CONSULTER SUR DIVERSES PARTIES DE CETTE HISTOIRE.

FUSTEL DE COULANGES : *Histoire des Institutions politiques de l'ancienne France* (Paris, 1879, 1 vol.).

LUCHAIRE : *Histoire des Institutions monarchiques de la France sous les premiers Capétiens* (Paris, 2 vol., 1883).

BOUTARIC : *La France sous Philippe le Bel* (Paris, 1861, 2 vol.).

HERVIEU : *Recherches sur les premiers Etats généraux et les assemblées représentatives pendant la première moitié du XIV° siècle* (Paris, 1879, 1 vol.).

PERRENS : *Etienne Marcel et le gouvernement de la bourgeoisie au XIV° siècle* (Paris, 1860, 1 vol.)

IV. — ARTICLES ET MÉMOIRES.

Annuaire de la Société historique (1840) : article de BEUGNOT sur *la Chronologie des Etats généraux.*

CALLERY : *Histoire de l'origine des pouvoirs et des attributions des Etats généraux et provinciaux depuis la féodalité jusqu'aux Etats de 1355* (Paris, 1880).

Bibliothèque de l'Ecole des Chartes. — 1844-45 (t. VI) : *Rapport adressé au roi sur les doléances du clergé aux Etats généraux de 1413,* par J. MARION. — 1882 : *Le conseil du roi et le grand conseil pendant la première année du règne de Charles VIII,* par NOEL VALOIS. — 1866 : *Les élections des députés aux Etats généraux de 1466 et de 1484,* par Paul VIOLLET. — 1845-46 (t. VII) : *Election du député de la prévôté de Paris aux Etats généraux de 1588,* par A. TAILLANDIER. — 1849-50 (t. XI) : *Lettres d'Etienne Bernard, maire de Dijon, sur l'assemblée des Etats généraux de la Ligue en 1593.*

V. — OUVRAGES A CONSULTER SUR L'HISTOIRE GÉNÉRALE.

HENRI MARTIN : *Histoire de France.*

AUGUSTIN THIERRY : *Histoire du Tiers-Etat.*

GUIZOT : *Histoire de la civilisation en Europe.*

CHÉRUEL : *Dictionnaire historique des institutions, mœurs et coutumes de la France.*

CHÉRUEL : *Histoire de l'administration.*

DARESTE : *Histoire de l'administration en France.*

TABLE DES MATIÈRES

VERSAILLES, IMPRIMERIE CERF ET FILS, RUE DUPLESSIS, 59.